「魅力ある算数・数学」と「いじめ・不登校等を防ぐやすらぎの環境」

平岡 弘正 著

ふくろう出版

まえがき

この書物は朝日新聞に「続中学生ノート（数学)」として20回、山陽新聞等に「環境は人を創り、人は環境を創る」として9回、総務省統計局の月刊誌「統計情報」に「今、学校教育に求められること」として7回にわたりそれぞれ連載された記事と、公益財団法人山陽放送学術文化財団受賞研究「子どもがやすらぎを抱く学校環境の創造」の研究物、更に、「大学での『いじめ・不登校への対応』の授業の創造」を基に、他に類書のない**「『魅力ある算数・数学の学習』とそれらを支える『いじめ・不登校等を防ぐやすらぎを抱く教育環境』」**を簡略化し、**「『魅力ある算数・数学』と『いじめ・不登校等を防ぐやすらぎの環境』」**として出版したものです。

この書物の第1章「魅力ある算数・数学の学習」は、小学校高学年・中学生・高校生やその保護者の方の参考書・読み物として、また、中学校・高等学校の数学担当の先生や大学での「算数・数学教科指導法」「子どもの算数」の担当の先生や受講の大学生には教科書・研究書・参考書・教員採用試験用として、そして教育委員会指導主事の先生には研究書・参考書・読み物として執筆したものです。教科書や他の算数・数学の書物には少ない大切な魅力ある内容をたくさん載せています。

また、小学校高学年・中学生・高校生が集中して学習をすることができるためには、「やすらぎを抱く教育環境」が重要です。特に、「いじめ・不登校等を防ぐやすらぎを抱く教育環境」がその条件となります。「だれでもどこでもいつでも起こり得る」ものがいじめ・不登校であります。もし、児童生徒さんがいじめや不登校が心配ならば、御本人も保護者の方も出来るだけ早く、この書物の第2章「いじめ・不登校等を防ぐ『やすらぎを抱く教育環境』」第1節「環境は人を創り、人は環境を創る」、第2節「やすらぎを抱く教育環境の創造と実践～いじめ・不登校を生まない土壌づくりの実践を通して～」を読んでください。ここでは、校長の私が子どもや保護者、地域住民の方々との「ふれあい」を学校内外のあらゆる場を通して「愛と承認に基づく信頼関係」の構築を図りました。校長としてどの学校でも、校長赴任2カ月も経たないうちにいじめも不登校も皆無にした取組の一端を記述しました。ここで特に大切なことは、子どもにとって学校に、自分が尊敬している人物から、自分を信頼してもらえる人物が少なくとも1人は存在することが、いじめや不登校にならないためにも、なっても短期間のうちに解消するための必要条件であります。その1人に校長の私がなりました。校長の私は子ども全員にとって信頼される人物であり、校長からも子ども全員を信頼する人物である存在となりました。このような関係構築の「ふれあい」を学校内外で、子どもだけでなく、保護者・地域住民ともしました。その取組の結果、学校も家庭も地域社会も「いじめ・不登校等を防ぐ『やすらぎを抱く教育環境』」となりました。

もし、児童生徒さんがいじめや不登校を感じた場合には、御本人も保護者の方も出来るだけ早く第3節「大学での『いじめ・不登校への対応』の授業の創造」を読んでください。ここではいじめ・不登校への対応の取組を記述しています。

平成 25 年6月に「いじめ防止対策推進法」が成立し、同年 9 月から施行されました。いじめ防止対策推進法の成立は、「いじめ防止に社会総がかりで取り組む決意を示す」となっています。不登校についても社会総がかりで取り組むことが必要です。

それを具体化したもので、令和4年 12 月に文部科学省では「いじめの防止等の対策のための組織の設置」のメンバーの具体例を表示しました。「学校いじめ対策組織」が、いじめの未然防止、早期発見、事実確認、事案への対処等を的確に進めるためには、管理職のリーダーシップの下、生徒指導主事などを中心として協働的な指導・相談体制を構築することが不可欠です。その組織の構成メンバーとして、校長、副校長や教頭、主幹教諭、生徒指導主事、教務主任、学年主任、養護教諭、教育相談コーディネーター、特別支援教育コーディネーターなどから、学校の規模や実態に応じて決定することになっています。さらに、心理や福祉の専門家であるSC や SSW、弁護士、医師、警察官経験者などの外部専門家を加えることで、多角的な視点からの状況の評価や幅広い対応を可能にしています。

現在の文部科学省の調査から、今後、ますますいじめ・不登校は増大することが予想されます。これらを防ぐには、早期発見・早期対応が必要であります。特に、いじめは命に関わる重大な事柄ですから一刻の猶予もありません。

それには、「学校いじめ対策組織」が機能を十分に発揮するとともに、児童生徒学生・学校・保護者・地域住民一体となり総力を挙げて対応していくことも今後ますます重要になると思います。それに力を発揮されるのが、校長先生、副校長先生、教頭先生、主幹教諭様、生徒指導主事様、教務主任様、学年主任様、養護教諭様、学級担任様、教育相談コーディネーター様、特別支援教育コーディネーター様、SC 様 、SSW 様、弁護士様、医師様、警察官経験者様、そして PTA 役員様、保護者様、町内会役員様、地域住民の皆様や、教育委員会教育長様、指導主事様、大学の先生、更には小学校高学年生・中学生・高校生・大学生の方々であります。その人たちには是非、読んで、生かしていただきたいと思い記述したものがこの本であります。

魔　法

平岡校長先生は魔法が使えます。

校長先生がふれたもの　話しかけた人　いつのまにか　変わってしまうのです。

子どもたちも　学校も　大人たちも　私たちが住んでいる町も。

ほら　変わっていっているのがみえるでしょう？

いじめっ子はやさしい子に　なまけものは働きものに

泣いている子は笑顔がもどり　くすんだ町が輝いてくる。

悪をすべて消し去ってしまう　不思議な魔法の力を　校長先生は持っているのです。

でも　それを知っているのは　まだ私だけなのです。

この町がいいことでいっぱいになり　人々がそれに気づく頃

校長先生はそっとこの町を出ていくのです。

みんなの心に　美しい思い出を残して……

～PTA 役員・保護者 A さんからの手紙～

上記の手紙（詩）を書いてくださったのは PTA 役員である保護者 A さんであり

ます。保護者Aさんにはこの本と3つの深い意味が含まれています。

その1つが、私が校長として赴任したある学校のことです。私が赴任した当初は、長年にわたりいじめ、多数の不登校、校内暴力、学級崩壊等々の問題が山積していました。それを赴任してから2カ月も経たないうちに、校長として誰もが実践しない方法で、これらすべての問題行動等を解決し、子どもたち全員にとって学校が楽しいものとなり、全員が元気に登校できるようになりました。子どもたちが落ち着いた雰囲気で学習できるようになったこに対する保護者として、PTA役員の一人としてのお礼が含まれています。

教育者ボルノウは、子どもの健全な発達にとって「やすらぎを抱く環境」の大切さを強調し「そのような環境の中でのみ、子どもは正しい発達を遂げることができる」と述べています。やすらぎとは、端的に言えば、「愛と承認に基づいた信頼関係」の中に抱く感情です。子どもの心の中に、何らかの形で、信頼する人物が存在することがやすらぎを抱き、子どもの健全な発達に欠くことのできない必須の条件です。その一人に校長の私が入るよう、学校のあらゆる機会と場を通して子どもたちとの「ふれあい」をしてまいりました。

私は「やすらぎを抱く教育環境」を、教職に身を置いて以来大学教授を退職するまでの58年間にわたり、研究課題として取り組みました。特に、研究の実践に本格的取り組んだのは校長時代でした。校長時代には、子ども全員から信頼される人物の一人に「校長の私」が存在するように、子どもとの様々な「ふれあい」を通して努めてまいりました。また、家庭・地域社会の人々にとっても子ども同様に校長がやすらぎを抱く存在となるよう「ふれあい」に力を注いでまいりました。その結果、2カ月も経たないうちには、どの学校でもいじめ・不登校とは全然縁のない学校となりました。

校長として赴任したある学校は、物理学の父と言われた仁科芳雄博士の生誕地でありました。仁科芳雄博士の言葉に「環境は人を創り、人は環境を創る」があります。これは私が大学を卒業し学校に赴任して以来、研究を重ねてきた「やすらぎを抱く教育環境」をある面で具体化したものです。これに着目し、人間を支える、学問を支えるものとしてどのような環境があるか研究をしてまいりました。様々な環境の中で、この学校では、特に力を入れたものが「1食事環境、2言語環境、3読書環境、4家庭環境、5地域環境、6学校環境、7美的環境」の7点です。この学校では3年目に、その学校での取組の集大成として7つの環境をまとめていました。その時に、校長の評判が山陽新聞社の耳に入り、学校での実践を「シグナル」に書いてほしいとの依頼がありました。

これには字数の制限がありましたので、できるだけ平易にして、どなたでも読んでいただけるように身近な例を基に実践内容のごく一部を新聞記事にしました。それが、この本の目次の第2章「いじめ・不登校等を防ぐ『やすらぎを抱く教育環境』」の第1節の「環境は人を創り、人は環境を創る」の「1～7」です。ここでは、紙面の都合で、簡単に記述しましたが、その裏には様々な事がありました。

例えば、この学校では、子どもは集団登校をしていました。校長の私は赴任以来、子どもの集合場所全部に、順番を決めて、子どもの様子を見るために早朝、地域に出掛けていました。この場所を、子どもや保護者・地域住民の人々との「ふれあい」の機会の場とし、信頼関係を築いてまいりました。そして、子どもの集団登校の最後尾に私がつき、交通事情が激しい道路を登校している姿を見守りながら子どもと共に登校しました。

ある時に、2年生の子どもが、横断歩道から急に白線を超えて車道に飛び出し、あわや交通事故に遭うと思った瞬間、私が身を挺して車を止めて、交通事故を防いだことがありました。その日は、子どもが実際に交通事故に遭ったと想定して学校で様々な取組をしました。PTA会長様、PTA副会長様、PTA交通委員長様、PTA交通委員様全員の御出席の基にPTA交通委員会を開催し、様々な視点から集団登校の在り方を含めて検討をしました。このことの詳細は本論に記述しています。このような取組が功を奏して、この学校でも幸いにも交通事故は一件もありませんでした。また、いじめ、不登校等の生徒指導上等の問題においても、事が大きくならないうちに、早期発見・早期対応を、学校、家庭、地域社会が一体となり総力を挙げてできる最大限の予防対策を取りました。このようにして、いじめ、不登校等を防ぐ、やすらぎを抱く教育環境となりました。この時に大変喜んでいただいたのが、町長様、教育委員様、PTA会長様、PTA副会長様、PTA役員様、そして町内会会長様の方々をはじめ、地域住民の人々でした。

転勤したある学校では、更に工夫して、環境を7つに「8統計的環境」を加えて取り組みました。

この学校は、いじめ・多数の不登校、学級崩壊など子どもの問題行動が長年山積していました。ここでも特に、学校、家庭、地域社会が一体となって、連携し、子ども、学校、家庭、地域社会との密度の高い様々な角度からの取組に力を注ぎました。この時にも大変喜んでいただいたのが、PTA 会長様、PTA 副会長様、PTA の役員様、そして学校を支える会「みどり会」の皆様や町内会長様をはじめ、地域住民の人々でした。

ここでの学校の取組を中心に、他の学校での取組も取り入れて記述したものが、第2章第2節の「やすらぎを抱く教育環境の創造と実践～いじめ・不登校を生まない土壌づくりの実践を通して～」です。

ここでは、学校内外での子ども、保護者・地域住民の人々との「ふれあい」を大切にした取組です。子どもの生命安全を守りたいという思いから、始業前の早朝や勤務後に地域に出かけて子どもたちとの「ふれあい」をしました。この時は、子どもの発達・成長していく過程、底知れぬ人間的な魅力や個性の発見や可能性の伸長との出会いと場でもありました。子どもや地域の方々とのさわやかな会話の中に家庭・地域社会の方々の期待と声援が伝わり、その温かさに感謝するとともに、感激するひとときとなりました。

校長の様々な実践から教師の意識改革が生まれるとともに保護者・地域住民の方々からは校長をみんなで支援しようという輪が生まれました。小さな輪から大きな輪へと時とともに拡大しました。毎晩、校内外を警備してくださる方、トイレが臭うからと毎週土曜日に磨いてくださる中学校時代の私の教え子で当時は保護者であるグループの方、早朝から校庭を清掃してくださる近隣のお年寄りの方、登下校の危険な場所に立って交通指導してくださるお年寄りの方、風邪を引いたらこの薬を、困った時は何でも言ってほしいと保護者グループの方等々の御支援の輪がここでも言い尽くせないほど広がりました。

この学校でも、前任校と同じように赴任3年目に当時学校が受賞する最高の賞

「心とからだの教育」で全国優秀校（大規模校部で第１位）「すこやか賞」（朝日新聞社主催、文部省・厚生省後援）を、前任校の３年目の全国優秀校（中規模校部で第１位）「すこやか賞」に続いて二度目の受賞をしました。この時の保護者・地域住民の人々、学校を支える会「みどり会」の会長様、PTA 会長様、PTA 副会長様、PTA 役員様、町内会会長様、教職員の喜びは格別のものがありました。

この手紙（詩）を書いてくださったPTA 役員の保護者Ａさんの深い意味の２つ目は、保護者Ａさんの御子息がいじめに遭っていることを校長の私が毎日の校内巡視（校内指導）の時に、普段と異なる態度の変化から見つけたことです。専門の統計的手法を用いて、早期に発見し、早期に対応し、早期に解決したことへのお礼です。これを機会に、学校全体を挙げていじめ問題に取り組み、いじめも不登校等の様々な問題行動も全くなくなりました。子どもたち全員にとりまして楽しい学校となりました。

３つ目が、この詩を書いてくださった保護者自身の中学生時代のお礼でもあります。中学校２年生の時に「ある数学の問題」を、Ａさんは誰もが思いつかないような解法を考えたのでした。それが本論の紙面の中の「第１章　魅力ある算数・数学の学習」の第１節「橋の問題が発端～発展途上のトポロジー研究～」です。

「【問題】平面上に 30 本の直線があります。この直線の交点の数は最も多いとき、いくつになりますか」です。一見、平凡な問題です。Ａさんの解法がこの平凡な問題が中学生の思考力をつけるにふさわしい大切な問題になったのです。

この問題をみなさんはどのようにして求められますか。中学２年生のＡさんは本論の解答のようにして求めたのです。

つまり、６本の平行線を書いて、それぞれの交点が１つとなるように、平行線一つひとつを曲げて交点を作って求めたのです。私はその頃、数学専門のトポロジーの研究をしていたところでした。日本数学教育研究大会や明治図書出版の月刊誌・「数学教育」で数々のトポロジーの研究発表をしていました。私自身もそのトポロジー的解き方に感動し、その感動が生徒に伝わった面もありました。Ａさんのこの解法の発表を聞いて他の生徒も感動しました。算数・数学は児童生徒にとって第２章の第１節の「7」の美的環境の「美の追求」とともに、「感動の学問」でもあります。これを大切にして数学の指導に臨みました。

さらに、数学の授業の中でも、第1章第1節の中でも、この問題のAさんの解法を基にして数学の専門のトポロジーの「有名な4色問題」に発展させました。

「4色問題」は長年数学の未解決の問題でした。4色問題とは「どんな地図も4色で塗り分けが可能である。これを証明せよ」です。それが1976年夏に、ついにイリノイ大学の2人の学者によって130年来の難問が解決されたのでした。このニュースは、日本では同年8月30日の「朝日新聞」にも載りました。その題が「130年来の難問が解けた、根気と電子計算機と　2千例をコツコツ検証、米の二数学者」となっていました。これまでの数学の例とは全く異なる、電子計算機による膨大な検査に依存している点です。現在までに、膨大な検査が間違いであるという報告はありません。

この数学の時間は、「Aさんの交点のトポロジー的解決の方法」と、「130年来の難問が解けた4色問題の世紀の発見」とで、生徒たちにとりましても、私にとりましてもまさに感動づくめで生涯忘れがたい数学の時間の1コマとなりました。

Aさんはこの問題が契機となり、数学に自信を持ちました。Aさんのそれまで眠っていた才能がこの問題の解法を契機として開花したのでした。その学級の生徒もAさんからの刺激を受けて、実力をつけたのでした。

子どもは、それを伸ばすよい機会に出会えば必ず大きく伸びることを、本論の「第1章の第1節から第20節の問題」等からも教えられました。どの子どもにもそのような才能はあるとの思いで、算数・数学の問題ではできるだけ子どもが何らかの解答をするまでは静かな雰囲気の中で「待つ忍耐」が指導者には特に求められます。

この本の問題は「第1章の第1節」のみならず、別の「第2節から第20節」の問題でも教科書や他の算数・数学の書物にはない大切な魅力ある内容の生徒に感動を与える問題が多々あります。同じ問題でも子どもが感動を抱くようになるかどうかは問題そのものとその問題の教え方にかかっているように思います。指導者は、指導に当たっては良い問題を子どもに与えることが大切です。良い問題となるためには、問題開発が指導者にとって重要です。それとともに、平凡な問題からでも価値のある解法を子どもに発見させることも重要です。

数学の学習で、少しでも感動を覚えていただきたいとの想いと願い、そのような体験を少しでもしていただきたいとの想いと願いを実現させるために出版したものがこの本です。

これを機会に１人でも多くの人々が、多くの子どもさんが算数・数学の問題で開花してほしいとの想いと願いで書きました。数学が少しでも好きになり、それを他の人に教えたいという気持ちになってほしいという想いと願いを込めて書きました。また、この本を読んでくださったことを機会として、お子様や児童生徒さんにとって学校が「いじめや不登校を防ぐやすらぎを抱く教育環境」となりますよう、想いと願いを込めても書きました。

是非、お読みいただきまして「いじめ・不登校のない社会」のためにも生かしていただきたいと存じます。

この度、ふくろう出版のお計らいにより、ここに本書を世に出すことになりました。ふくろう出版亀山様、関係各位に感謝申し上げる次第でございます。

令和５年11月吉日　　　平　岡　弘　正
（秀　章）

目　次

まえがき　*i*

第1章　魅力ある算数・数学の学習 —— *1*

第1節　橋の問題が発端 ～発展途上のトポロジー研究～ …… *2*

第2節　他の考え方を応用 簡単な解き方 …… *4*

第3節　関数関係の問題は 角度変え考察 …… *7*

第4節　連立方程式を解くために クラーメルの公式を用いて …… *9*

第5節　手順しっかり 最後の詰めが大切 …… *12*

1. 問題を理解すること　*13*
2. 計画を立て、実行すること　*14*
3. 解の検討及び解釈をすること　*14*

第6節　試行錯誤の連続 ピタゴラスの定理から …… *16*

第7節　創造的学習を 広がる数字の世界 …… *18*

第8節　興味深い素数「成果」の多く学べ …… *21*

第9節　集合で明確に 考察の対象を設定 …… *24*

第10節　「幾何学に王道なし」2人の先駆者の業績知り親しみと興味を …… *26*

第11節　事実証明を体系化 原理学び実利 …… *29*

第12節　非ユークリッドにも 目を向けよう …… *33*

第13節　正確に論理をすすめ 正しく推論を …… *38*

1. 命題　*38*
2. 否定（～でない）　*39*
3. 合接（かつ）　*39*
4. 離接（または）　*39*
5. ドゥ・モルガンの法則　*40*
6. 条件文（ならば）　*41*

第14節　円に内外接の多角形から 円周率導き出す …… *41*

第 15 節　ソフィストは道具使い 作図に成功 …… *44*
第 16 節　「考える」ことは 課題の観察から …… *47*
第 17 節　理想・単純化し 関数を引き出す …… *48*
1. ある場面を関数のメガネをかけて観察する　*48*
2. 関数の対象となるものを取り出す　*49*
3. 理想化したり、単純化したりなどして関数となるように構成する　*49*
4. 一次関数の問題を作る　*50*
5. 問題を解く　*50*
6. 新たな問題または発展問題を作り、それを解く　*51*
第 18 節　事象をよく観察し 数学眼養おう …… *52*
1. 事象を観察し、本質的なものを取り出す　*52*
2. 予想する　*53*
3. 他の例で確かめる　*53*
4. 証明する　*54*
5. 発展する　*54*
第 19 節　作れるのは 4 次まで 方程式の解求める公式 …… *56*
第 20 節　作図の問題解法に 必要な 4 段階 …… *59*

第 2 章　いじめ・不登校等を防ぐ「やすらぎを抱く教育環境」—— *65*
要約 …… *66*
第 1 節　環境は人を創り、人は環境を創る …… *68*
1. やすらぎ抱かせる食事環境を　*68*
2. 心のこもった誠実な言葉の言語環境を　*69*
3. 感動を体験させる読書環境を　*71*
4. 愛と信頼と希望に満ちた家庭環境を　*72*
5. 個性を認め、育てる地域環境を　*74*
6. 希望を抱き、誠実を胸に刻む学校環境を　*76*
7. 美を求め、感動する心を磨く美的環境を　*77*

8. 子どもの個性開発としての統計的環境を　79
9. 地域と保護者と学校がよい信頼関係で！　83
第２節　やすらぎを抱く教育環境の創造と実践
～いじめ・不登校を生まない土壌づくりの実践を通して～……………………86
はじめに　86
1. 正しい教育とやすらぎを抱く教育環境の創造　89
2. 校内での子どもと校長とのふれあい　94
3. 校外での子どもと校長とのふれあい　100
4. 校長と保護者とのふれあい　107
5. 校長と地域社会とのふれあい　112
6. 全国的にもまれな理想的な「学校・家庭・地域社会との連携」
～いじめ・不登校を生まない土壌づくりのために～　115
7. 学校と家庭と地域社会との連携の成果　125
8. 地域社会からの校長への支援のお礼とまとめ　126
第３節　大学での「いじめ・不登校への対応」の授業の創造……………………130
1. 不登校への対応　130
2. いじめ問題への対応 ～「いじめ問題」の判例と学校の法的責任～　146

おわりに　171
引用・参考文献　176
初出一覧　177
著者略歴　179

第 1 章

魅力ある算数・数学の学習

第１節　橋の問題が発端
〜発展途上のトポロジー研究〜

【問題】 平面上に 30 本の直線があります。この直線の交点の数は最も多いとき、いくつになりますか。

【解説】 最も多いときは、どの２本の直線も平行でなく、どの交点にも３本以上の直線が交わっていないときです。

題意にあてはまる図をかいていくと、図１−１−１のように６本の直線ぐらいまでは簡単にかけますが、７本目ぐらいから面倒になります。まして、30 本をかくことになると大変ですし、それをかいても苦労の割にはとり得るものは少ないかもしれません。そこで、７本目の直線をかくときにもう一度問題をよく読んで、何か工夫はできないか考えてみることにしましょう。

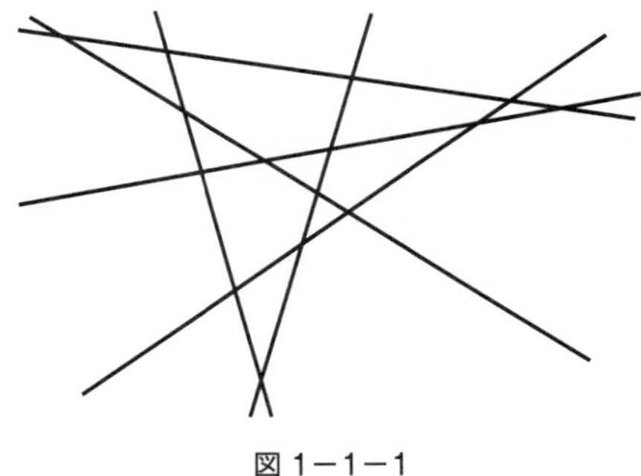

図１−１−１

ここでの直線というのは、２つの直線の交点は１つしかないということです。曲線ということになると交点はいくつでも自由に作ることができます。ところが、２つの曲線は１点しか交わらないよう作るとすると、直線が曲線になってもこの問題の本質は失われていません。

したがって、７本目を図１−１−２の A のようにかけますが、一層のこと、この考えをはじめから用いると、図１−１−１は図１−１−３のように整理されます。これを見ると、各直線上に交点が 29 ずつあることがはっきりし、30 本では、29 ×30 となりますが、どの交点も２回ず

図１−１−２

つ数えられますから、29×30÷2＝435という結論が得られます。

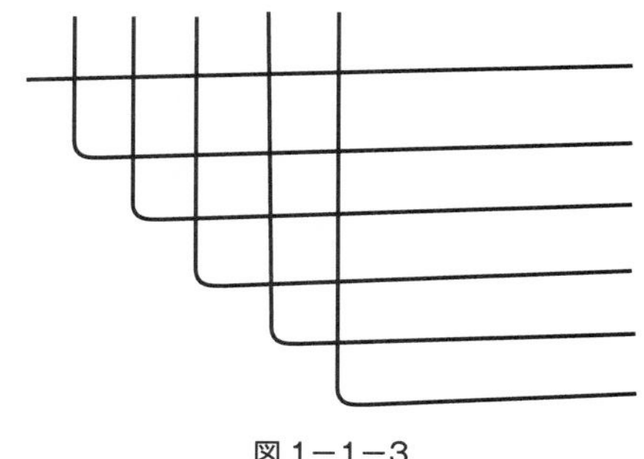

図1－1－3

この問題で、図1－1－1を図1－1－3のように、直線を曲線に変えていますが、2本の直線は必ず1点で交わるという性質は失われないようにしています。この考えは、すばらしいアイデアなのです。この考えを変換といい、特に、位相変換といいます。また、変換には移動のように形を変えずに変換するものもあります。位相変換で不変な性質を、その図形の位相的性質といい、図形の位相的性質にのみ着目して、これを研究していく幾何学を位相幾何学またはトポロジーといいます。これは20世紀に生まれた数学で、新しい非常に大切な、まだ発展途上にある数学です。

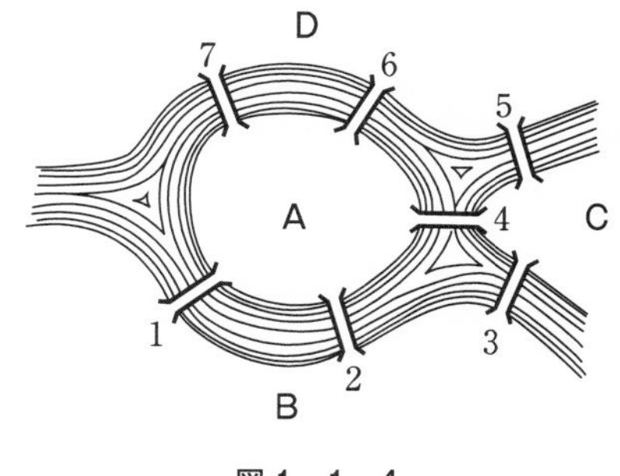

図1－1－4

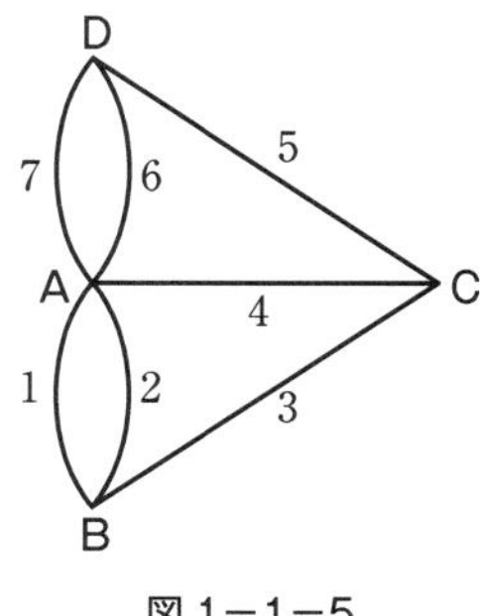

図1－1－5

このトポロジーの研究の発端になったものが、ケーニヒスベルクの橋の問題（図1－1－4）です。ケーニヒスベルクの市民の1人が「同じ橋を2度渡らないでこれらの橋を全部渡るように散歩することができるか」という問題を提出しました。市民たちはこれを試みましたが、誰一人として成功する人はいませんでした。これを耳にしたスイスの数学者オイラーは、位相変換を用いて巧妙な方法で、これが不可能であることを証明しました。これはA、B、C、Dという島を点に表し、これを結ぶ橋をこれを結ぶ線で表し、図1－1－5のように書きかえ、これを一筆がきの問題に直して考えました。この問題も長さや角に関係なく、線だけを問題にしています。

次に、100年来難関であったトポロジーの問題として、注目すべきものに四色問題があります。地図をぬりわけるのに何種類の色が必要であるかという問題です。これまでためされたどんな地図も実験的には、四色であればぬりわけられることができたのですが、これが十分であることは証明することができませんでした。ところが、3年前にアメリカの若い2人の数学者が、電子計算機を使って、1936通りの標準地図を求め、すべての平面地図は、そのどれかに変換されるという方法で解きました。現在までのところ、この証明の誤りは指摘されておりません。関係者の間では今度は本当にこの問題が解決されたのではないか、と期待されています。非常に難しい数学も基礎は、日ごろの学習の中にあります。がんばってください。

第2節　他の考え方を応用
簡単な解き方

【問題】8%の食塩水と20%の食塩水があります。これらの食塩水をまぜ合わせて、10%の食塩水を600g作ろうと思います。8%の食塩水と20%の食塩水を、それぞれ何gまぜればよろしいか。

【解説】これは、一般には次のようにして求めます。

8%の食塩水xgと20%の食塩水ygをまぜるとすると、

$$\begin{cases} \frac{8}{100}x+\frac{20}{100}y=600\times\frac{10}{100} \\ x+y=600 \end{cases}$$

これを解くと、

$(x、y)=(500、100)$

よって、8%の食塩水500gと20%の食塩水100gをまぜるとよいことになります。

ここで、この問題を他の考え方からもっと簡単に解けないか考えてみることにしましょう。

まず、準備をいくつかしてみましょう。

① 4％の食塩水100gと16％の食塩水100gをまぜあわせると、何％の食塩水になるか求めると、

$$\frac{\frac{4}{100}\times 100+\frac{16}{100}\times 100}{100+100}\times 100=10\%\ (\%)$$

となります。これは食塩水の量が等しいから、まぜあわせたときの濃度はそれらの濃度の平均になることが直感的に予想されます。これは図１－２－１のように表すことができます。

② 4％の食塩水100gと16％の食塩水200gをまぜあわせ、上と同じように計算すると12％になります。これは図１－２－２のように表すことができます。

③ 4％の食塩水100gと16％の食塩水500gをまぜあわせると、同じように計算して14％の食塩水ができます。これは図１－２－３のように表すことができます。

図１－２－１から図１－２－３までをよく観察しますと、小学校の理科で、図１－２－４のように２つの重さxgとygがつるしてあり、これがつり

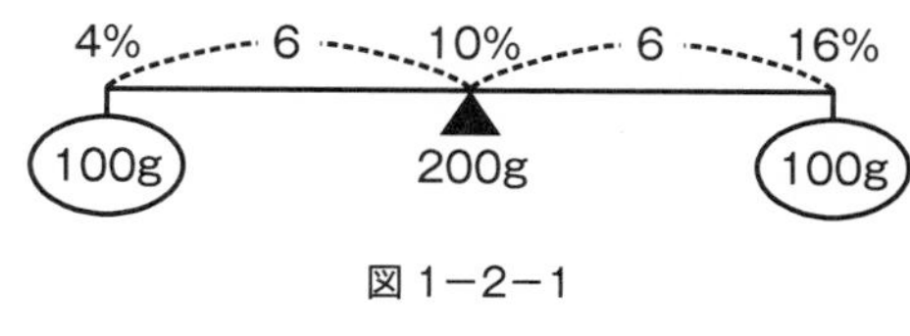

図１−２−１

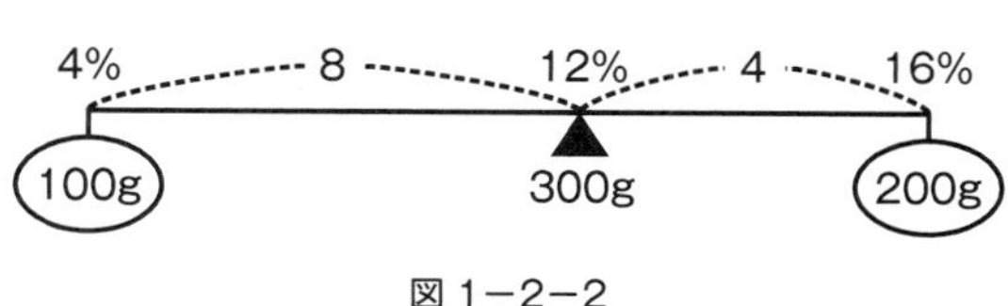

図１−２−２

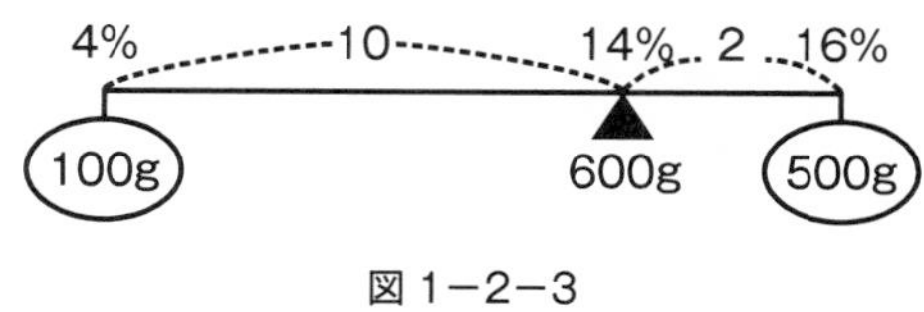

図１−２−３

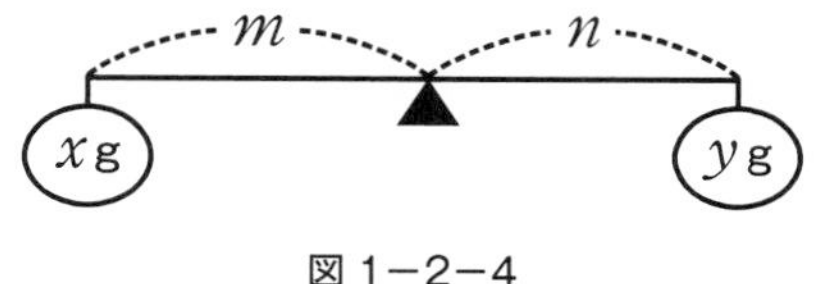

図１−２−４

合うためには $mx=ny$ で、しかも支点に $x+y$(g) の重さがかかる関係になっていると習ったことを思い出されるでしょう。この「てこの原理」を用いて、上の問題の解法を考えてみましょう。

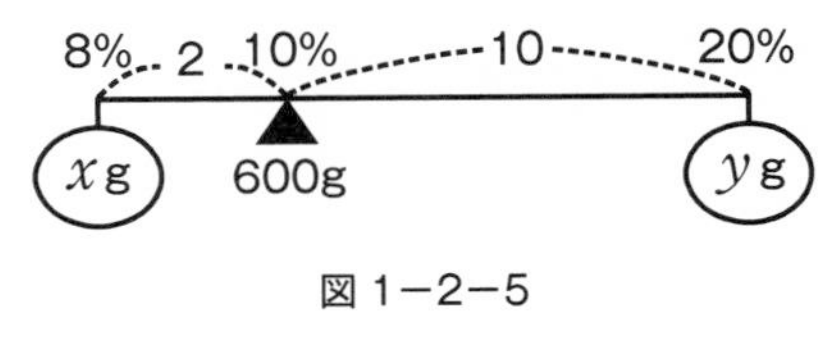

図 1−2−5

8%と20%の食塩水をそれぞれ xg、yg まぜあわせるとしますと、これが10%の食塩水になりますから、図1−2−5のように10%のところでつりあうように支点をもっていきます。「てこの原理」から

$2x=10y$…… (1)

という方程式が作れます。

また、支点にかかる重さから

$x+y=600$… (2)

この (1)、(2) から

$(x、y)=(500、100)$ と、求める解が得られます。

しかし、この方法は立式の段階で論理に多少飛躍がありますから、普通は立式の段階での論理に飛躍のない前者を用い、「確かめ」でこの解法を使うようにしてください。

次にこの「てこの原理」を図形へと発展させてみましょう。

△ABCの重心Gの位置はどこにあるのでしょうか。いま、△ABCの3つの頂点に重さ1gのおもりをつるすとしますと、BとCの重心はBCの中点Mでそこに2gの重さがかかります。次にAとMの重心は、Aが1gでBが2gですから、AMを2：1に内分した点であることがわかります。この点が△ABCの重心Gとなります。この数学的な証明は簡単にできますから試みてください。しかし、すべての多角形の重心がこのように求められるとは限りません。

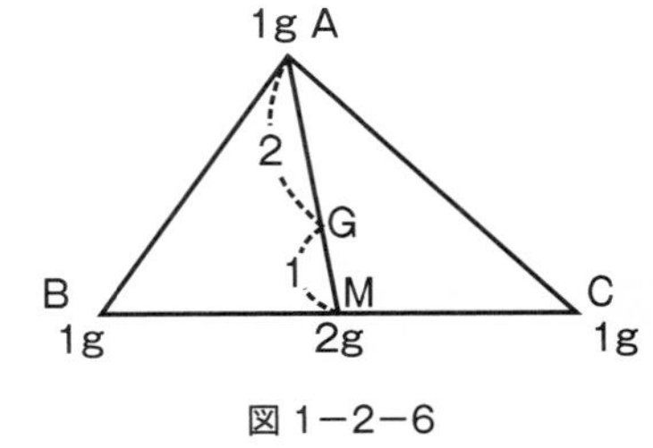

図 1−2−6

この「力学の原理」は、その他いろいろなものへ応用することができますから、考えて

みてください。

今回は、一般的なやり方をすれば複雑な計算や考え方を必要とする問題を解くのに、他の考え方に置き換えることによって簡単に解が得られる例について考えてみました。このような方法は高度な数学になればなるほどよく用いられるほか、数学を活用する人たち（たとえば経済、物理、化学、心理、統計）にとっては、特に大切なことになると思います。

第３節　関数関係の問題は角度変え考察

【問題】１辺の長さが 2cm の正多角形（正三角形、正四角形、正五角形、…）で、頂点の個数 x と関数関係にあるもの y をできるだけたくさん見つけ、それを式に表しなさい。

【解説】 これは関数の問題です。関数は数学の中心的な概念であって、さらに高度な数学の学習をしていく上で、非常に大切な考えであるのみならず、数学以外で、また私たちが生活していく上でも大切な考えであって、教養としても、ぜひ身につけておきたい考えです。身のまわりの自然現象や社会現象をよく観察してみますと、そこにいろいろな関数関係があります。私たちの生活の中にこれが生かされているものがたくさんあります。したがって、このように自然現象や社会現象を見て、関数的なとらえ方ができることが大切です。

さて、この問題をよく読み、いろいろな角度から考えるといろいろな関数の式が発見されるのではないかと思います。みなさんは発見者になったつもりで考えてみてください。ここでは、その中のいくつかを例として紹介しましょう。

みなさんの多くが気づかれているのではないかと思われるものに、「1つの頂点から引いた対角線の数」に着目すると、$y=x-3$（$x \geqq 3$、xは自然数）という関係が成り立ちます。さらにこれから発展させて、対角線の総数に着目して、

$y=\dfrac{x(x-3)}{2}$（$x \geqq 3$、x は自然数）という関係に気づかれたことでしょう。

そこで、これを少し見方をかえてみましょう。多角形の3つの頂点を結んでできる対角線に焦点を絞るといろいろな形の三角形ができます。この中で、二等辺三角形の種類に着目して、その数を求めてみましょう。

図1−3−1をみますと、この2つの関係は、関数関係になっており、しかも規則正しい変化をしていることがわかります。ところが、これを式に表すにはどうしたらよいでしょうか。

ルソーは『エミール』の中で、「大きな幸福を感じるためには、小さな苦しみを知っておかなければならない」といっております。数学の学習でも、この言葉があてはまります。苦しみをのがれて、数学の勉強をしようとしても、それは決して本物の力とはならないばかりか、数学の本物のおもしろさを味わえないのではないかと思います。ここでもぜひ、試行錯誤を体験してほしいと思います。

その結果、みなさんは多分、多角形の辺数が奇数の場合と、偶数の場合に分けて考えたらどうなるだろうかと、気づかれると思います。

これから関係の式を発見しやすくするために、表に表すのも1つの方法です。

①

x	3	5	7	…
y	1	2	3	…

②

x	4	6	8	…
y	1	2	3	…

この表をよく観察しますと、①の表から、$y=\dfrac{x-1}{2}$、②の表から、$y=\dfrac{x-2}{2}$ となっていることがわかります。これを整理すると、

$$\begin{cases} y=\dfrac{x-1}{2} & (x \geqq 3\text{、}x\text{は奇数}) \\ y=\dfrac{x-2}{2} & (x \geqq 3\text{、}x\text{は偶数}) \end{cases}$$

x	3	4	5	6	7	8	-----
y	1	1	2	2	3	3	-----

図1−3−1

となります。これによって、変域を考えるよさに気づかれたのではないかと思います。その他にも、いろいろと角度をかえて考えることによって、たくさんの関数関係とその式が発見されるのではないかと思います。これもエミールの言葉を励みとして、ぜひいろいろと考えてみてください。

いくつかを発見し、それが次への発見のエネルギーとなり、このような数学の学習の体験を通して「発見する喜び」「考える喜び」を味わわれるのではないかと思います。多い人で20個ぐらい発見されると思います。この暑さに負けないで、心と身と頭の汗を思いきりかいてください。

第４節　連立方程式を解くために　クラーメルの公式を用いて

行列式の上手な用い方

【問題】 次の連立二元一次方程式を解きなさい。

$$\begin{cases} 5x+2y=4 \\ 7x-3y=23 \end{cases}$$

【解説】 連立方程式を能率よく解く方法として、加減法と代入法がありますね。

ここでは、他に別な連立方程式の解き方はないか考えてみましょう。

そこで、x、y についての連立二元一次方程式の一般式の場合を、まず、加減法で解いてみることにしましょう。

x、y についての連立二元一次方程式は、一般的に

$$\begin{cases} ax+by=c & \cdots\cdots\cdots\cdots① \\ a'x+b'y=c' & \cdots\cdots\cdots\cdots② \end{cases}$$

と表すことができます。

はじめに、x を消去しましょう。

①$\times a'$　　$aa'x+a'by=a'c$ …………①′

②$\times a$　　$aa'x+ab'y=ac'$ …………②′

②′−①′　$(ab'-a'b)\ y=ac'-a'c$

　$ab'-a'b\neq 0$ のとき、両辺を $ab'-a'b$ で割って

$y=\dfrac{ac'-a'c}{ab'-a'b}$ ……（A）

　同じようにして、y を消去しましょう。

①$\times b'$　　$ab'x+bb'y=b'c$ …………①″

②$\times b$　　$a'bx+bb'y=bc'$ …………②″

①″−②″　$(ab'-a'b)\ x=b'c-bc'$

　$ab'-a'b\neq 0$ のとき、両辺を $ab'-a'b$ で割って

　$x=\dfrac{b'c-bc'}{ab'-a'b}$ ……（B）

となります。

　この x、y の解である（A）、（B）をよく観察しますと、分母、分子に同じ形の式が現れていることに気付かれるでしょう。その形は、$pq'-p'q$
になっております。

　今、これを、

$$\begin{vmatrix} p & q \\ p' & q' \end{vmatrix}=pq'-p'q$$

と約束しますと

$$ab'-a'b=\begin{vmatrix} a & b \\ a' & b' \end{vmatrix}、b'c-bc'=\begin{vmatrix} c & b \\ c' & b' \end{vmatrix}、ac'-a'c=\begin{vmatrix} a & c \\ a' & c' \end{vmatrix}$$

と表すことができます。したがって①、②の解は、$ab'-a'b\neq 0$ のとき、

$$x=\frac{\begin{vmatrix} c & b \\ c' & b' \end{vmatrix}}{\begin{vmatrix} a & b \\ a' & b' \end{vmatrix}}、y=\frac{\begin{vmatrix} a & c \\ a' & c' \end{vmatrix}}{\begin{vmatrix} a & b \\ a' & b' \end{vmatrix}}$$

と、きれいな形で表すことができます。これと、もとの連立方程式①、②をよく見

ますと、xもyも分母は与えられた連立一次方程式のxとyの係数をそのままの配列で書き並べ、xの値の分子はxの係数aとa'の代わりに定数cとc'を、yの値の分子はyの係数bとb'の代わりに定数cとc'とを置きかえたものになっています。これはとても覚えやすい形ですね。そして、これは、二元連立方程式ばかりでなく、三元、四元、……、n元の連立方程式の解き方まで拡張することができるのです。

前に約束しましたように

$\begin{vmatrix} p & q \\ p' & q' \end{vmatrix}$ は$pq'-p'q$という具体的な値です。このような値を行列式といいます。この行列式を用いますと連立方程式は機械的に、ただ、正・負の計算さえできれば簡単に解くことができます。このように連立方程式を行列式を用いて解く方法を、クラーメルの公式といいます。クラーメルが曲線論に関する著書（1750）で示したものです。

それでは、【問題】をクラーメルの公式を用いて解いてみましょう。

$$x=\frac{\begin{vmatrix} 4 & 2 \\ 23 & -3 \end{vmatrix}}{\begin{vmatrix} 5 & 2 \\ 7 & -3 \end{vmatrix}}=\frac{4\times(-3)-23\times2}{5\times(-3)-7\times2}=\frac{-58}{-29}=2$$

$$y=\frac{\begin{vmatrix} 5 & 4 \\ 7 & 23 \end{vmatrix}}{\begin{vmatrix} 5 & 2 \\ 7 & -3 \end{vmatrix}}=\frac{5\times23-7\times4}{5\times(-3)-7\times2}=\frac{87}{-29}=-3$$

$\therefore\ (x、y)=(2、-3)$

このクラーメルの公式は、前述しましたように連立三元一次方程式や、変数が四元以上の一次方程式の場合にも全く同じようにしてできます。

変数の数が多くなるにつれて連立方程式の代入法や加減法の解き方では非常に複雑になりますが、行列式を用いますと機械的な計算だけで自動的に答を求めることができます。そして、この機械的な計算はコンピューターが得意とするところであり、コンピューターを用いると簡単に求めることができます。これも、行列式が自然科学や社会科学の解明に有用な理由のひとつといわれています。

行列式の起源は、連立方程式の一般的な解法にあって、はじめは、自然科学的な現象を数学的に取り扱うための小さな道具として誕生しましたが、使っているうちにその概念にいろいろな効用が発見され、数学的取り扱いのための道具から、数学そのものの重要な一部分に発展しました。

このように、数学の学習は高度になればなるほどおもしろい、いろいろな概念があります。そして、今学習している数学はこれらの基礎です。基礎が大切です。がんばってください。

現代の社会で、数学の重要性がますます高まり、広い分野にわたって、その有用性が実証されつつあります。

第５節　手順しっかり
最後の詰めが大切

【問題】弟が 2km 離れた駅に向かって家を出てから 20 分たって、弟が忘れ物をしていることに兄が気づき、すぐ自転車で同じ道を追いかけた。

弟の歩く速さは毎分 80m、兄の自転車の速さは毎分 240m とすると、兄は出発後何分で弟に追いつくことができますか。方程式を用いて求めなさい。

【解説】これは、文章題を方程式を用いて求める問題です。文章題になると、不得意な生徒が多いようですが、みなさんはどうですか。不得意な生徒のほとんどは、問題の意味を十分に理解しないままに解くことのみに力を注ぐ。これではだれでもできるはずがないのに、自分は力がないと思い込むようになったり、答えが出ても、十分に検討しないために間違えて自信をなくし、悪循環をくりかえします。つまり、文章題をどのようにして完全な解答を得ることができるか、その手順がわからないことから来るものが多いようです。

そこで、ここでは文章題を方程式を用いて完全な解答を得るためにどのように考え、どのような手順で考えていけばよいかを、この問題をもとに説明してみましょう。

1. 問題を理解すること

文章題を解く上で最も大切なことは、問題の意味を理解することです。前述のように、文章題の不得意な人のほとんどは、これができていない人です。問題文をゆっくりと、くり返し何回も読んで、完全に問題を理解しなければなりません。その過程から、次の３つの点について整理しましょう。

(1) 求めたいものは何か

何が求めたいものであるかをまず明らかにしなければなりません。ここでは、兄は出発後何分で弟に追いつくことができるか、ということです。

(2) 与えられている数量は何か

これが明らかになったら、次に、与えられている数量、データをとり出すことです。ここでは、2km、20分、80m、240mが与えられている数量になります。これらを頭の中にはっきりと整理し、次の段階への足がかりとするために、図などをかいてまとめるのもよろしい。ここでの問題の数量を、図１−５−１のように表してまとめます。

(3) 等しい関係は何か

次に、問題の中に含まれている等しい関係を見付けることが大切になります。次の図から、弟の進んだ距離＝兄の進んだ距離であることがわかります。

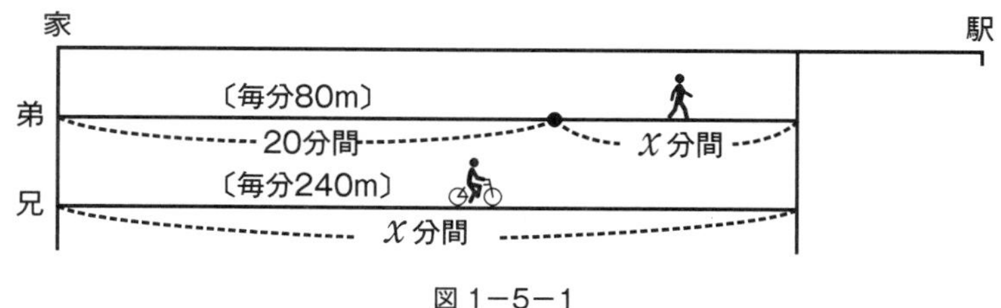

図１−５−１

2. 計画を立て、実行すること

さあ。これで問題を解くための準備ができました。この準備をもとにして、計画を立てます。そして、その計画を実行に移しましょう。ここからが【解】として、いままで、内面で温めたものを表面に表していきます。

【解】兄は出発後x分に、弟に追いつくとすると、追いつくまでに、兄、弟の進んだ距離は等しいから、

$80(x+20)=240x$

$80x+1600=240x$

$160x=1600$

$x=10$

ここで、「だから、兄が出発して、10分後に追いつくことになる」としてしまいがちです。ここまでせっかく苦労して求めたものが、最後の詰めの甘さから水の泡になってしまいます。

3. 解の検討及び解釈をすること

ここで、忘れてならないのは、解の検討をすることと、解を解釈することです。そのとき、次の2点からやってほしいと思います。

(1) まず常識で判断すること

数学の問題といえども、時代的背景などを考えれば、一般常識からかけはなれた問題はありません。そこで、問題から離れて、一般的常識から判断して、大局的に検討したり、−3カ月後ということは3カ月前のことですから、このように普通のいい方に解釈したりします。ここでは、「10分後」は常識から判断しておかしくありませんね。

(2)　もとの問題文に帰って検討すること

次に、もとの問題文に帰って、解を局所的に検討することが必要です。

兄が出発してから、10 分後に弟に追いつくとすると、兄、弟のそれぞれの進んだ距離は、

兄…$240 \times 10 = 2400$（m）

弟…$80 \times (20 + 10) = 2400$（m）

となり、家から 2.4km の地点で兄は弟に追いつくことになります。これは、家から駅までの距離が 2km だから、兄は弟を駅までに追いつくことはできないことになります。したがって、方程式解「$x = 10$」は、問題にあてはまらないことがわかります。

【答】兄は、弟が駅までゆく間に追いつくことができない。

これで、はじめて完全な解答が求められたことになります。実際の解答の上での記述の部分はわずかですが、記述されていないところが完全にできて、はじめて完全な解答になります。海面上に浮かぶ氷は、海面上に見える部分よりも見えない部分がだいぶ多いように、数学の問題を解く場合も表面に記述されたものより、そうでないものの場合が多く、また大切なのです。目に見えるものよりも目に見えないものが大切なのです。人間が生きていく上でも、これと同じことがいえると思います。人間の心は見えません。人間にとって、その心が一番大切であることに異論はないと思います。

今回は、文章題を方程式を用いて解くにはどのような学習の進め方をすればよいか、その方法について考えてみました。生涯学習の上でも、学習のための学習は今後ますます重要になります。

第６節　試行錯誤の連続
ピタゴラスの定理から

【問題】２つの正方形を切り合わせて、面積の等しい１つの正方形を作りたい。どのようにしたらよいか。

【解説】 これは、一見簡単にできそうですが、実際に試みるとわかりますが、なかなかうまいことといきません。解決までには、結果を観察しながら試行錯誤の連続になると思います。みなさんは、それを経験して欲しいと思います。試行錯誤することは、問題そのものをよくみるということです。この困難をどう乗り越えるかが学習です。

まず、２つの正方形が合同である特殊な場合で考えてみますと、図１−６−２のように、AC、FC で切って、①、②の三角形をそれぞれ①′、②′の位置に移すと、四角形 ACFC′は正方形になります。この場合は簡単に解決されました。ここで、AC＝FC、∠ACF＝90°に着目して、一般の場合へと進めていくと簡単に問題を解決することができます。みなさんは、これを試みてください。

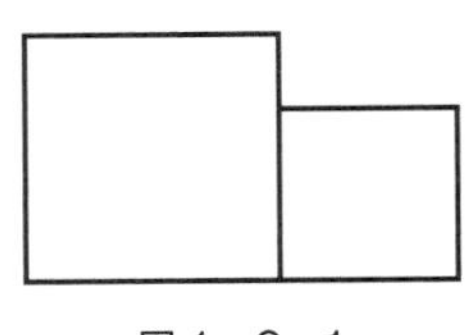

図１−６−１

ここでは、少し遠回りになりますが、失敗をどう成功に導き、解決していくとよいかに重点をおいてみます。

次に、３つの正方形が合同である場合を考えてみますと、図１−６−３のように、AN、HN で切って、①を①′、②を②′に移すと、∠ANH≠90°から、四角形 ANHN′は正方形になりません。そこで、線分 MN で切って長方形 MABN を図１−６−４のように工夫することによって、MB＝HB、∠MBH＝90°となります。MB、HB で切って、①を①′、②を②′に移

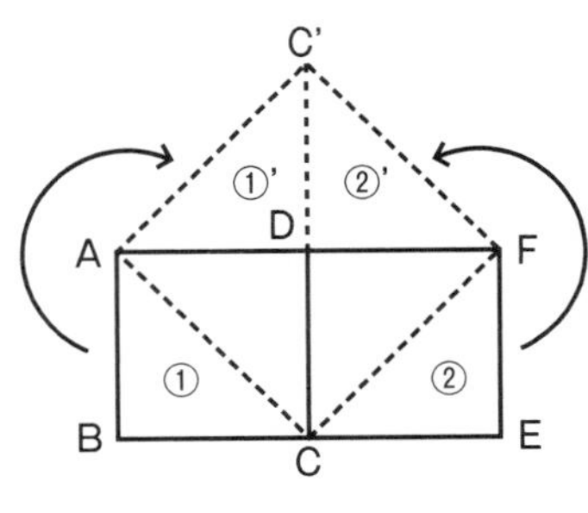

図１−６−２

すと、四角形MBHB′は正方形になります。しかし、残念なことに、正方形NCFA′がうまらないので、3つの合同な正方形の場合は失敗でした。ところが、図1−6−4をよく観察すると、2つの正方形MAEA′とFEGHを切り合わせて、面積の等しい1つの正方形MBHB′ができているではありませんか。AB＝HGになっていることから、この問題を一気に解決することができました。

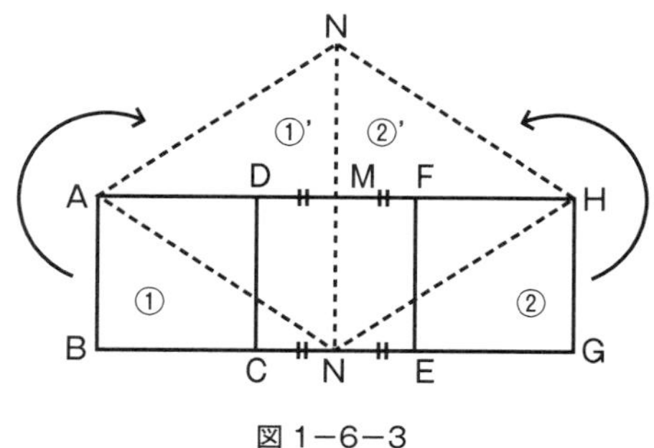

図1−6−3

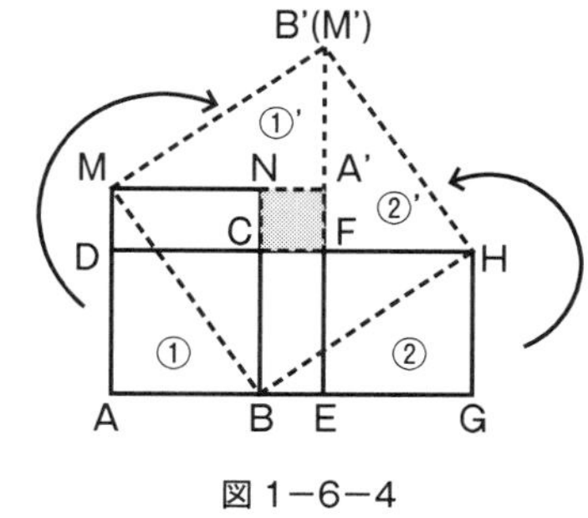

図1−6−4

解決できた喜びを心に秘め、更に図1−6−4を観察してみますと、正方形MAEA′をMAを軸として、対称移動をし、正方形FEGHをFHがABに重なるように平行移動をし、直角三角形MABに着目すると、上の実線部分より、「直角三角形の直角をはさむ2辺をそれぞれ1辺とする正方形の面積の和は、斜辺を1辺とする正方形の面積に等しい」という関係が発見されます。これが図1−6−5です。換言すれば、「直角三角形の直角をはさむ2辺の長さをa、b、斜辺の長さをcとすると、$a^2+b^2=c^2$」です。これを、三平方の定理またはピタゴラスの定理といいます。ピタゴラスは、ギリシャ黄金時代の初期、西暦紀元前580年ごろ、ギリシャの植民地サモス島に生まれました。ピタゴラスは図形のみならず数の方面でも

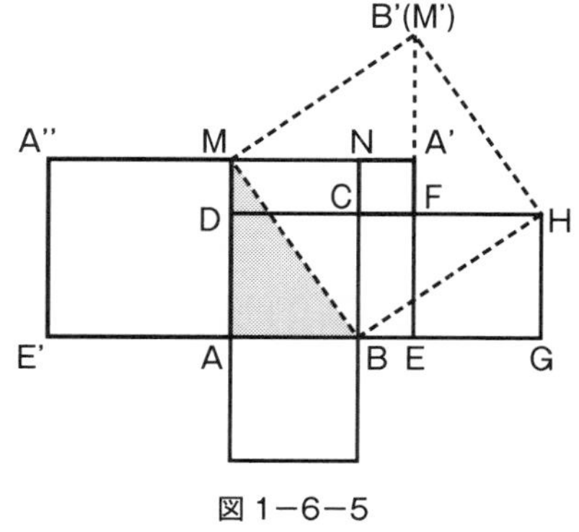

図1−6−5

多くの業績を残しています。例えば、ピタゴラスの定理を整数へと発展させ、3、4、5、と5、12、13またはこれらに同じ数を掛けた組以外にも、$a^2+b^2=c^2$を満たす3つの自然数a、b、cの組が無数にあることを証明しました。ユークリッドがその後すべての組み合わせを与える式

$(m^2-n^2)^2+(2mn)^2=(m^2+n^2)^2$（ただし、$m$、$n$は自然数）を求めました。

ピタゴラスの数に関する遺産はその後ディオファントスを経て、フェルマーに受け継がれました。フェルマーはディオファントスの翻訳をしたとき、「nが3以上の自然数のとき、$a^n+b^n=c^n$を満たす自然数の組はない」（この証明は余白が狭すぎるので書くことができない）と書き残しました。これをフェルマーの大定理といい、オイラーら偉大な数学者がこの定理の証明を試みましたがうまくいきませんでした。今までに$n<25000$のすべての自然数についてフェルマーの大定理が成り立つことが証明されていますが、一般の場合の証明はまだされていません*。しかし、これは、その後の数の方面の進歩に大いに貢献することとなりました。

（紙面の都合で、図や説明を最小限にし、ピタゴラスよりはピタゴラス学派の方が適切な個所もありましたが、省略しました）

*この文章は1979年2月に執筆したものです。その後、1995年に英国の数学者アンドリュー・ワイルズが、あらゆる場合でフェルマーの大定理が成立することを証明しました。

第7節　創造的学習を
広がる数字の世界

【問題】次の表1−7−1に示したのは、ある規則で作った表の一部です。この表の数の並び方をよく調べて、できるだけたくさんの規則を見つけなさい。

【解説】この表をよく観察するといろいろな規則を発見することができるのでは

表1－7－1

1	2	3	4	5	6	7	8	9	10
2	4	6	8	10	12	14	16	18	20
3	6	9	12	15	18	21	24	27	30
4	8	12	16	20	24	28	32	36	40
5	10	15	20	25	30	35	40	45	50
6	12	18	24	30	36	42	48	54	60
7	14	21	28	35	42	49	56	63	70
8	16	24	32	40	48	56	64	72	80
9	18	27	36	45	54	63	72	81	90
10	20	30	40	50	60	70	80	90	100

表1－7－2

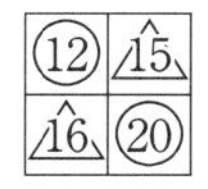
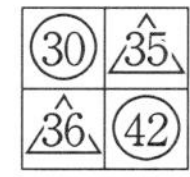
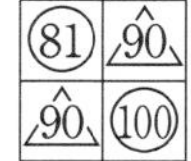

ないかと思います。ここでは、その中の1つの例について考えてみます。

いま、表1－7－2のような1辺が2である正方形の中の4つの数に着目すると、この間にはどんな規則があるでしょうか。

$(12+20)-(15+16)=1$

$(30+42)-(35+36)=1$

$(81+100)-(90+90)=1$

のように○印の位置にある2数の和から△印の位置にある2数の和をひいたものが1であることが予想されます。これを他の例で確かめてみますと

$(16+27)-(24+18)=1$

$(56+72)-(64+63)=1$ となり、その差は1であることがわかります。ところが、これだけでこの事実を仲間に認めさせることはできませんね。そこで、仲間に認めてもらうためには、どうしたらよいでしょうか。ここに証明の必要性が生まれてきます。証明は相手に事実を認めさせる切り札です。

4つの数の中で、左上の数を、a 行と b 列の数の積であるとすると、その数は右横の数は $b(a+1)$、下の数は $a(b+1)$、斜め下の数は $(a+1)(b+1)$ と表せますから、$\{ab+(a+1)(b+1)\}-\{b(a+1)+a(b+1)\}=ab+ab+a+b+1-ab-b-ab-a=1$ となり、その差が1であることを証明することができました。

ここまで学習したみなさんは、次にどんなことを調べたいと思いますか。なかには、いま1辺が2である正方形の中の4つの数を調べたから、表1－7－3のような1辺が3、4、5、…である正方形の中の○印、△印の4つの数について同じように調べてみたいと思う人があると思います。これについて調べてみると、

$(6+20)-(12+10)=4=2^2$

$(15+48)-(24+30)=9=3^2$

$(24+80)-(40+48)=16=4^2$となり、このことから、1辺がnの正方形の場合は$(n-1)^2$になることが予想されます。この証明はみなさんで試みてください。

さらに、この正方形を長方形へと発展するとどうなるでしょうか。

よこが$m+1$たてが$n+1$の長方形について考えてみましょう。4つの数で、左上の数をa行とb列の数の積であるとすると、長方形の4つの数は表1−7−4のようになります。したがって

$\{ab+(b+n)(a+m)\}-\{b(a+m)+a(b+n)\}=ab+ab+bm+an+mn-ab-bm-ab-an=mn$となり、長方形のたて、よこからそれぞれ1ひいた長方形の面積になることが証明されます。正方形の場合はこの特別な場合として$m=n$と置きかえればよいことがわかります。

さらに、これをひし形、平行四辺形へと発展させるとおもしろい結果がでると思います。これもみなさんで試みてください。

表1−7−1は、みなさんがよく知っている九九の表ですが、この表からだけで

表1−7−3

6	8	10
9	12	15
12	16	20

15	20	25	30
18	24	30	36
21	28	35	42
24	32	40	48

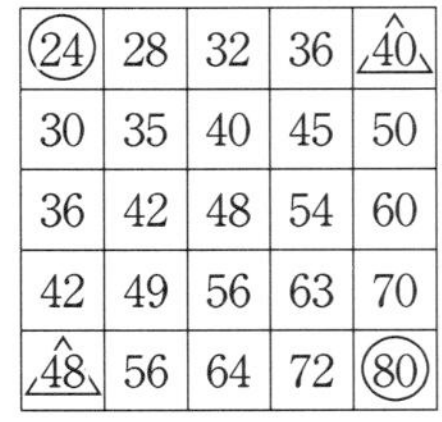

24	28	32	36	40
30	35	40	45	50
36	42	48	54	60
42	49	56	63	70
48	56	64	72	80

表1−7−4

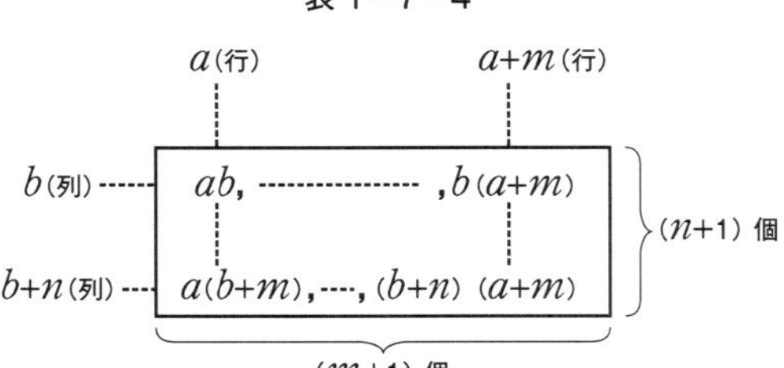

も、ずい分たくさんの数学的な事柄が学べます。これからの数学の学習は書物の上の受け身の学習だけでなく、物事に接して、おう盛な探求心のある創造的な学習がますます大切になると思います。

第８節　興味深い素数
「成果」の多く学べ

【問題】1000 以下の素数は全部で何個ありますか。

【解説】まず、素数とはどんな数であるか明らかにしておきましょう。１より大きくて、１とそれ自身以外ではわり切れない自然数を素数といい、１と素数以外の自然数を合成数といいます。１だけは素数でも合成数でもないと約束します。だから、「素数はちょうど２つの数でわり切れる数である」と定義することもできます。

素数は１以外のより小さい数でわり切れない数であるから、より小さい数でわり切れる数を消していって、最後に残った数が素数となります。しかし、数が大きいときは電卓を使っても大変な作業になります。そこで、平方根を利用するとこの作業が少しは楽になります。２乗して m になる正の数を m の平方根といって $\sqrt{m}$ と書きます。m に対して $\sqrt{m}$ より大きな２つの自然数の積の形で表すことはできないから、もし m が合成数だとすると、その素因数の中に $\sqrt{m}$ 以下の素数が少なくとも１つは含まれています。したがって、m 以下の素数を求めるには、$\sqrt{m}$ 以下の素数がすべてわかっていれば簡単に求めることができます。たとえば、31 以下の素数を求める場合は、$\sqrt{31}$ より小さい素数が２、３、５の３つであるから、２から 31 までの自然数をかきならべて、まず、素数だとわかっている２、３、５に○印をつける。次に２、３、５の倍数をすべて消すと、7、11、13、17、19、23、29、31 が残ります。これが６から 31 までの素数のすべてです。したがって、31 以下の素数は 2、3、5、7、11、13、17、19、23、29、31 で、31 以下の素数は 11 個あります。同じようにして、1000 以下の素数を求めることができます。そのときは

$\sqrt{1000}=31$……であるから、31までの素数の倍数を消して、その残りをみつけるとよろしい。これはみなさんで試みてください。答えは168個になります。

この方法を更に進めて素数の個数を求めたものが表1−8−1で、グラフにしたものが図1−8−1です。

この表・図から素数の種類は無数にあると予想されます。このことを、ユークリッドは有限であると仮定して、そこから矛盾を引き出す背理法を用いて証明しました。

すべての素数を2、3、5、7、…Pnとします。

N＝2×3×5×7×……×Pn＋1

という数をつくると、このNは2、3、5、7、……Pnのどれでわっても1が残ります。このNの1つの素因数は2、3、5、7、…、Pnのどれでもないことになって、2、3、5、7、…、Pnがすべての素数である、という仮定に矛盾します。だから、素数は無数にあ

表1−8−1　xをこえない素数の個数$\pi(x)$

x	$\pi(x)$	x	$\pi(x)$
5	3	80	22
10	4	90	24
20	8	100	25
30	10	500	95
40	12	1000	168
50	15	5000	669
60	17	10000	1229
70	19	100000	78498

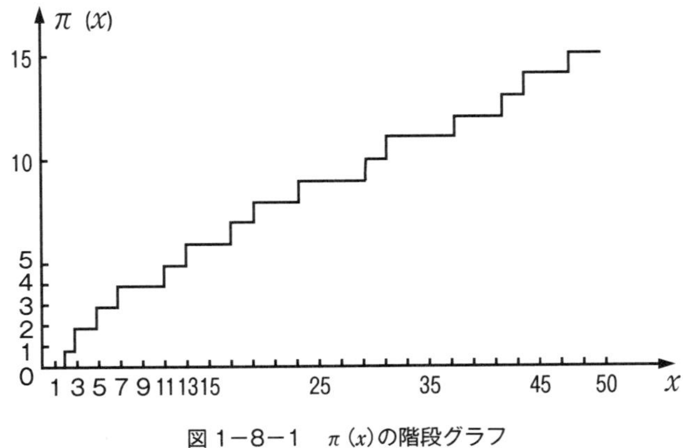

図1−8−1　$\pi(x)$の階段グラフ

ることがいえます。

したがって、素数が無数にあることから、数xが大きくなればなるほど、x以下の素数の個数$\pi(x)$は限りなく大きくなります。この関数$\pi(x)$を、ガウス、ルジャンドル、アダマールなど有名な多くの数学者が、経験的な方法や理論的な方法で研究をしました。

ところで、$2^{2^n}+1$の形の素数はフェルマー素数といわれています。これはフェルマーが、「$2^{2^n}+1$は、$n=0$、1、2……に対して素数となるだろう」という予想をしたことからできた名称です。$n=0$、1、2、3、4、の場合にはそれぞれ3、5、17、257、65537となり、いずれも素数となることがわかりますが、

$n=5$のときは$2^{2^5}+1=2^{32}+1=4294967297=641\times6700417$

となって素数とはならないから、この予想ははずれました。今まで、65537より大きいフェルマー素数は発見されていません。フェルマー素数をもつ正多角形は、定木とコンパスだけで作図できるということは興味のあることです。正65537角形の作図は、ドイツのヘルメスで、10年間もその作業についやし、その仕事の結果は、現在もゲッチンゲン大学の屋根裏におかれたトランクの中に保存されているそうです。ここで述べていることは、1979年の頃のことです。その後、フェルマーの素数は、どのようになったか、みなさんで研究をしてください。これは興味ある問題です。

今回は、素朴で、一見単純そうに見える自然数を素数という観点から考察しましたが、これだけでも決して、やさしいとはいえない多くの興味深いものを秘めておることがわかります。数学を志す人にとって、すでに形成された数学的な成果の多くを学ぶことは大切であり、この努力をしないで、創造できるものには大きな限界があるといわれています。天才数学者ガウスも、この努力を続けながら次第に独自の到達点を明示していったといわれています。このことを、みなさんはこれからの数学の勉強法に大いに取り入れてほしいと思います。

第9節　集合で明確に
考察の対象を設定

【問題】毎週金曜日に発行される週刊誌があります。この週刊誌が5回発行される月は1年のうちで何回ありますか。

【解説】これはある大学の入試に出題されたことのある問題ですが、中学生のみなさんでもできるおもしろい問題です。毎週の金曜日の発行ですから1年のうちで4回発行される月と、5回発行される月があることは、1カ月の日数から簡単にわかります。ここからどう考えを進めていくかが問題です。1月1日が金曜日のとき、1月1日が土曜日のとき、…。さらに、平年のとき、うるう年のとき、というように考えていくとできないことはないですが時間がかかります。そこで、もう少し能率的に、考える楽しみを味わいたいならば他の方法によらなければなりません。ここで、生きてくるのが集合の考えです。この週刊誌の1年間に発行される全体の集合を考えます。これは全体集合にあたりますからUと書くことにしましょう。そして、このUの要素の個数を$n(v)$と書きます。この$n(v)$、つまり、この週刊誌の1年間の発行される回数はいくらになるでしょうか。平年のとき、うるう年のときがありますが、$52<\frac{365}{7}<\frac{366}{7}<53$ですから、$n(v)$は52または53になることがわかります。

ところで、この週刊誌の1年間に発行される集合は、1月に発行される週刊誌の集合A_1、2月に発行される週刊誌の集合A_2、3月に発行される週刊誌の集合A_3、……12月に発行される週刊誌A_{12}の部分集合に類別されます。そこで、1月に発行されている週刊誌の回数、つまりA_1の要素の個数を$n(A_1)$と書くことにします。2月の場合は$n(A_2)$と書くことにします。以下他の月も同じ書き方をします。前述しましたように、UはA_1、A_2……、A_{12}に類別されますから、

$n(v)=n(A_1)+n(A_2)+\cdots\cdots+n(A_{12})$となります。つまり、この週刊誌の1年間に発行される回数は、1月に発行される回数から12月に発行される回数までの和になります。ところが毎週金曜日の発行ですから、1年のうちに4回発行される月

と５回発行される月がありますから、４回発行される月をxか月、５回発行される月をyか月としますと、次のような連立方程式を立てることができます。

$$\begin{cases} x+y=12 \\ 4x+5y=52 \end{cases} \quad \text{または} \quad \begin{cases} x+y=12 \\ 4x+5y=53 \end{cases}$$

これを解くと、$y=4$と$y=5$になりますから、月に５回発行される月は１年のうちに４回または５回あるということがわかります。

この問題は集合を意識しないでも解決することができますが、集合の考えを意識することによって、考え方を明確にすることができます。数学では、何を考察の対象にするかを明確にすることが大切です。その考察の対象として、集合を設定することが数学の出発点になります。このように集合の考えは、今もこれからも大切であることには変わりはないのではないかと思います。集合という概念の上に築かれた集合論は、今から100年以上前にデンマーク人のカントールによって創始されました。

集合論は、無限集合が中心になります。無限の世界では有限の世界での“部分は全体より小さい”という常識が成り立たなくなります。たとえば、自然数の集合Ａとその一部分である正の偶数の集合Ｂの間には、

$$\begin{array}{l} A = \{1.\ \ 2.\ \ 3.\ \ 4.\ \ 5.\ \cdots\cdots\cdots\cdots\cdots \} \\ \qquad\ \ \updownarrow\ \ \ \updownarrow\ \ \ \updownarrow\ \ \ \updownarrow\ \ \ \updownarrow \\ B = \{2.\ \ 4.\ \ 6.\ \ 8.\ \ 10.\ \cdots\cdots\cdots\cdots\cdots \} \end{array}$$

というように１対１の対応がつけられますから、自然数の個数とその一部分の正の偶数の個数が等しいということになります。同じようにして、自然数の集合と有理数の集合の間にも１対１の対応をつけることができます。このように考えていくと、無限の集合であるとすべて、自然数の集合と１対１の対応がつけられるのではないかと考えられますが、ここにカントールの仕事の意味が存在するのです。実数全体の集合は自然数の集合に１対１の対応をつけることができないことをはじめて説明しました。このことによって、「無限」ということでみな同じように考えられていた物（数）の集合の間にも、区別しなければならないいろいろな段階があることが、はじめてわかりました。

しかし、カントールのこの偉大な業績も、あまりにも革新的でありましたので、その時代の数学者たちにはただちに受け入れられませんでした。特に「整数は神様が作りたもうた。その他のものは人間の所産である」という有名な言葉を残して、カントールの恩師クロネッカーからは大変攻撃をうけたそうです。そしてカントール自身も自分の作った理論にやや懐疑的になったこともありましたが、黙々と仕事を続けました。今では、集合論はすべての数学の基礎といわれる数学も、それが認められるまでには苦難の道があったようです。このような数学のほんの一部分でも学ぶことができるみなさんはある意味では大変幸せです。学ぶことの幸せを改めて認識してほしいと思います。そして、学問との出合いの喜びを十分に味わってほしいと思います。

第10節　「幾何学に王道なし」
2人の先駆者の業績知り親しみと興味を

【問題】今から約2500年前にギリシャの数学者ターレスは、ピラミッドの高さを影の長さを利用して測りました。どのようにして測ったと思いますか。予想される方法をできるだけたくさん考えなさい。

【解説】これには2つの説があります。

1つは、地面に垂直に棒を立て、その棒の長さとその棒の影の長さが等しくなった瞬間に、ピラミッドの高さはその影の長さに等しいことから、その影の長さを測って結論を出したといわれています。

もう1つは、ピラミッドの影の長さが、地面に垂直に立てた棒の影の長さに比例することから、棒の長さ、棒の影の長さ、ピラミッドの影の長さを、同じ瞬間に測った、といわれています。

みなさんの予想には、これらの方法があったでしょうか。

幾何学は、このターレス（紀元前640～546年）によって、エジプトからギリシャに紹介されました。

文明は大河のほとりに起こるといわれますが、数学も例外ではありません。

古代エジプトでは、毎年雨期になるとナイル河の氾濫で田地はあとかたもなく流されてしまうのでした。このため、押し流された田地の区画を元通りに直す必要に迫られました。こうしてエジプトでは土地測量術が進歩し、土地を測量するのに縄を用いました。

そこから経験的に、いくつかの数学的な事実を発見しました。例えば、直角三角形の有名な性質である「３辺の比が３・４・５である三角形で５という長さに対する内角は直角である」ことは、紀元前2000年の早い時代に知っていたということです。このように、ほとんどが平面図形と立体の測定からなっておりましたから、エジプトの幾何学は、主に面積の幾何学でした。

しかし、この実用的な幾何学は科学と呼ばれるものではありませんでした。これを学び、これらを超え、科学として追求していったのはギリシャの数学者たちです。

紀元前７世紀ごろ、ギリシャとエジプトの間には、商業上の取引とともに思想上の交流もひんぱんに行われました。当時のギリシャの学者はだれでも、ピラミッドの国を訪れたのでした。

ターレスは、商業上の用事でエジプトに渡り、しばらく滞在して数学と天文学に関する本を読みました。そして豊富な知識を得て帰国し、数学と天文学の研究に専念したのです。

ターレスが発見し、それを証明したといわれる定理は、みなさんがよく知っているものばかりです。

①円は直径により二等分される。

②対頂角は等しい。

③二等辺三角形の両底角は等しい。

④２つの三角形は、１辺とその両端の角がそれぞれ等しいとき、合同である。

⑤半円に対する円周角は直角である。

ターレスは、この④の定理を応用して岸から船までの距離を測りました。

このようにターレスは、エジプト人が真であると知っていたことがらについて、定理の形に改め、証明し、これを実用問題に応用した最初の人で、「数学の父」といわれています。

さらに、ターレスが大いに名声をあげたのは、紀元前585年5月28日の日食を予言したことです。天文学を科学的に研究することはターレスが初めてでした。天体研究で次のようなエピソードがあります。

ある晩ターレスは、星の観測中に、うっかりして道端のドブへ落ち込んでしまいました。これを見たある老婆が「ターレス先生は、ご自分の足元のこともわからないのに、どうしてあんな遠い星のことがおわかりになるのでしょう」と感心したというのです。

幾何学におけるターレスの仕事は、ピタゴラスと詭弁(きべん)学派の人たちによって受け継がれ、次第に理論的な学問として整えられていきました。

こうして、プラトン学派の定義、公理、定理の概念を経て、ユークリッドによって、今日の幾何学の教科書に近いものが確立されました。

ユークリッド（紀元前300年ころ）は、それまでの幾何学を大整理し、これをまとめました。これが有名な『原本』つまり『ユークリッドの原論』です。この原本は13巻からなっており、現代の幾何学の教科書のほとんどの問題は、この原本ですでに取り扱われている問題です。つまり、この原本が約2000年間という長い間、教科書として多くの国でたくさんの人々に読まれたことは、この書の真価を暗黙のうちに物語っております。

ところが、これを学ぶことは現在もそうであるように、その当時も大変な苦しみであったのです。証明の方法が厳密で完ぺきに近いものでありますから、学ぶ人にとっては苦しみの種でもありました。証明があまりにもむずかしかったからです。こんなエピソードがあります。

ユークリッドについて幾何学を学んでいたプトレマイオス王が、ある時ユークリッドに、「お前の原本によらないで幾何学を学ぶ近道はないか」と、たずねたところ、ユークリッドは、「幾何学に、王道はありません」と、一言いっただけでした。

また、ある青年がユークリッドについて幾何学を学び始めましたが、ほんの入り口を学んだだけで、幾何学という難しい学問をすることが何の役に立つのだろうかとの疑念をいだきました。それをユークリッドに打ちあけ、たずねました。すると、ユークリッドは直ちに召し使いを呼んで、「この人にお金を３ペンスおやり。この人は幾何学を学んで何か得をしようと思っているようだから」といったというのです。

王様といえども学問を簡単に修められるものでもないし、また、学問がただ役に立つだけのことを考えて学ぶものとしたら、これほど学問に対する冒涜（ぼうとく）はないという意味です。

今回は、幾何学（ユークリッドの）がどのようにして起こり、どのようにして発展してきたか、その中で特に大きく貢献したターレスとユークリッドについて、その業績をエピソードを交えながら紹介しました。

これによって、学問の価値、重み、神髄を強く感じられたのではないかと思います。さらに、数学を築いた数学者たちを知り、親しみを感じることで、数学に対して親しみと興味を持たれるのではないかと思います。

第 11 節　事実証明を体系化　原理学び実利

【問題】与えられた線分の上に等辺三角形（正三角形）をつくりなさい。

【解説】 前節では、ターレス（紀元前 600 年ごろ）とユークリッド（紀元前 300 年ごろ）の２人の数学者について、エピソードを交えながら業績を紹介しました。今回は、ユークリッドの著した『原本』の内容と、その背後にある古代ギリシャ人の考え方について、あらましを説明しましょう。

『原本』は 13 巻で、第１巻は垂直、平行及び平行四辺形からピタゴラスの定理、第２巻は二次方程式を面積に表して解く法、第３巻は円とその弧、弧と角と続き、第4巻は定木とコンパスを用いた正三角形から、正六角形や正十五角形の作図法など、第5巻はユードクソスの比例論、第6巻がその図形への応用を含んでいます。第7巻から第9巻までは整数の理論で、第10巻は無理数論、第11巻から第13巻までが立体幾何学に当てられています。

このように、『原本』には幾何学ばかりでなく代数学に関するものも多く含まれていますが、その論証は文字を使わない幾何学的な量としての扱いに重点がおかれています。

『原本』の重要な点は、経験的に得られた図形や量に関する事実を、証明すべきものとみて体系だてたことです。これは、ギリシャ世界が持っていた特質によります。彼らは「すべての事実は証明されなければならない」と考えました。そしてだれもが認める事実までさかのぼり、それを基礎に、種々の事実を証明するよう体系だてました。この特徴が最も表れている第1巻を見ると——。

初めに、点、線、直線、面、角とは何かなど、概念の定義が23個あります。例をあげてみます。

〈定義1〉点とは部分を持たないものである。

〈定義2〉線とは幅のない長さである。

〈定義15〉円とは、1つの線で囲まれた平面図形で、その図形の内部になる1点からそれへひかれたすべての線分が互いに等しいものである。

次に、幾何学を展開するための基礎として、5つの公準が続いています。

①任意の点から、他の任意の点へ1つの直線をひくことができる。
②線分はどこまでも延長することができる。
③与えられた点を中心として、与えられた半径をもつ円をかくことができる。
④すべての直角は互いに等しい。
⑤1直線が2直線に交わり同じ側の内角の和を2直角より小さくするならば、この2直線は限りなく延長されると2直角より小さい角のある側において交わることができる。

これらの公準は、エジプト人の経験的な幾何学への近づき方に対し、ギリシャ人のそれがいかに異なっていたかを端的に示しています。たとえば、公準①−③で、ギリシャ人が決して土地測量の実際を論じていないことがわかります。実際に測量する場合には、任意の点から他の任意の点へ直線を直接ひくことは、山とか川など障害物があってできません。実際にひけようがひけまいが、原則として任意の１点から他の任意の１点へ直線をひくことができるというのがギリシャ人の考えで、実際上の制約など問題にしなかったのです。したがって、ユークリッドの概念の構成は、なんらの障害物も含まない「空間」に対するものなのです。だからこそ、かれの法則はつねに厳密な、かつ絶対的な言葉で表現されるのです。けっして、「ほぼ」はないのです。例えば、すべての三角形の内角の和は常に２直角に等しい、といっており、ほぼ等しいということはないのです。

公準のほかに、ユークリッドは、幾何学に限らず、すべての種類の議論を展開するための基本となる次の５つの公理を用いています。

①同じものに等しい２つのものはまた互いに等しい。

②等しいものに等しいものを加えれば、全体は等しい。

③等しいものから等しいものを引けば、残りは等しい。

④互いに重なり合うものは、互いに等しい。

⑤全体は部分より大きい。

公準も公理も明らかな原則で少しの疑いの余地はなかったのです。だからこそこれらのものに証明がなくても不都合はなくこれらがはるかに不明確な他の種々の幾何学的原則の証明のよりどころとなるものです。

公準と公理と定義は、ユークリッド幾何学の出発点となる原則や約束で、それ以外の幾何学的原則をすべて証明することであるところがユークリッドの目的でした。

『原本』では証明された原則に２つの種類があります。１つは、三角形の合同条件のような一般法則で、その後の証明の根拠となるようなもので、もう１つは、一般法則として定式化しないで、読者がやるべき作業として表現されているような定理があります。

この第１巻は、定義、公準、公理の次に48個の問題を含んでいます。冒頭の【問題】が『原本』の最初のものです。『原本』では、次のように解いています。

古代エジプト人が経験によって幾何学的原理を発見し、その実利的効用を重んじたのに対して、古代ギリシャ人は、エジプト人からその原理を学び、幾何学を重視したのは、幾何学そのものの理論的なおもしろさのためであって結果としてたまたま実利的効果につながったということです。

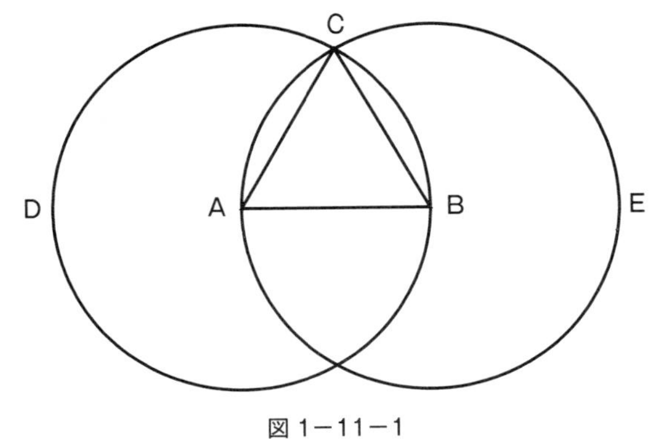

図 1−11−1

これは、まさに学問の原点というべきもので、ギリシャ人の学問に対する姿勢は、今日の私たちの生活の中で学ぶべき点がたくさんあるように思えます。

【解】 AB を与えられた線分とせよ。AB の上に等辺三角形をつくることが要求されている。A を中心とし、AB を半径として円 BCD をかけ（公準 3)、また、B を中心とし、BA を半径として円 ACE をかけ（公準 3)。これらの円の交点 C と点 A、B とを結べ（公準 1)。すると点 A は円 CDB の中心であるから AC は AB に等しい（定義 15)。また、点 B は円 CAE の中心であるから BC は BA に等しい（定義 15)。しかし、CA はまた AB にも等しい。だから線分 CA、CB はどちらも AB に等しい。よって（公理 1 から）CA は CB に等しい。ゆえに、線分 CA、AB、BC はたがいに等しい。したがって、三角形 ABC は等辺である。そしてそれは与えられた線分 AB の上につくられたことになる。これが作図すべきものであった。

第12節　非ユークリッドにも目を向けよう

【問題】三角形の３つの内角の和は何直角ですか。また、それ以外の角度であることがあり得るでしょうか。

【解説】前節では、ユークリッドの著した『原本』の内容と古代ギリシャ人の考え方について、あらましを説明しました。今回は、この『原本』がその後の数学に投げかけた波紋についてです。

紀元前300年ごろ、ギリシャのユークリッドは『原本』を著し、その当時までに得られたすべての幾何学の成果に体系を与えました。その中で、ユークリッドはいくつかの定義とともに、次の５つの公準と５つの公理をその幾何学を展開するための出発点としました。

〈公準〉

①任意の点から、他の任意の点へ１つの直線をひくことができる。

②線分はどこまでも延長することができる。

③与えられた点を中心として、与えられた半径をもつ円を描くことができる。

④すべての直角は互いに等しい。

⑤１直線が２直線に交わり同じ側の内角の和を２直角より小さくするならば、この２直線は限りなく延長すると、必ず２直角より小さい角のある側において交わることができる。

〈公理〉

①同じものに等しい２つのものはまた互いに等しい。

②等しいものに等しいものを加えると、結果もまた等しい。

③等しいものから等しいものを引けば、残りも等しい。

④互いに重なり合うものは等しい。

⑤全体は部分より大きい。

これらの公準・公理は、まったく自明ではないが、証明ができなくて、しかも幾何学が成り立つためには真であることが要請されるという意味です。

この公準・公理のうち、第５公準は、その他の公準・公理に比べていかにもわかりにくいと思われたのではないでしょうか。実は、これが、ユークリッド幾何学とは異なった幾何学。つまり非ユークリッド幾何学成立の発端となったのです。第５公準は、他の公準・公理と比較して長々しく複雑ですから、当然のことをいっているように見えますが、自明の度合が薄く、定理といったほうがふさわしい感じがします。そのため、ギリシャ時代から人々はこれを他の公準・公理から証明することができないか試みました。そのおかげで、第５公準の代わりになる同等のものがいくつかあることが明らかになりました。その中で最も有名なものが、スコットランドの数学者プレーフェア（1748－1819）の述べた「平行線の公理」つまり「平面上で、与えられた直線外の１点を通って、与えられた直線に平行な直線はただ１本引ける」です。この他にも、「三角形の内角の和は２直角に等しい」「１直線上にない任意に与えられた３点を通る円がただ１つ存在する」なども第５公準の言い直しです。しかし、これら第５公準を言い直したもののどれをとっても、第５公準そのものよりも簡単であると言い切れる根拠は見いだせませんでした。このように、ユークリッド以来2000年間も多くの数学者が、第５公準を他の公準・公理から証明しようと努力したが、成功した人はありませんでした。なかにはこんな失敗談があります。

近代で世界一流の数学者、フランスのラグランジュは「来る何月何日パリ大学第何番教室でユークリッドの第５公準の証明を講演する」という広告を出し、大勢の学者を集めて講演しました。予備定理第１、第２など順を追い、第５公準の証明に入ろうとするとき、不意に中止して、論文をポケットに入れて“もっと考えて見なければなりません”とだけいって演壇から逃げ出してしまいました。この論文はその後、公表されなかったそうです。このように証明ができたという人はかなりありましたが、すべてがどこかで誤りをしていたのでした。しかし、失敗がすべてむだであったわけではありません。この第５公準の議論に初めて重要な貢献をしたのは、イタリアの数学者サッケリ（1667－1733）です。その考え方は――。

まず、線分ABの両端で同じ側へこれに垂線AC、BDを立てて、AC＝BDとなるようにし、ＣとＤを結ぶと、∠Ｃ＝∠Ｄになることは、第５公準を使わないで簡単に証明できるのですが、これらが直角になるということを示すには、どうしても第５公準が必要になります。そこで、次の３つの仮定をおきました。

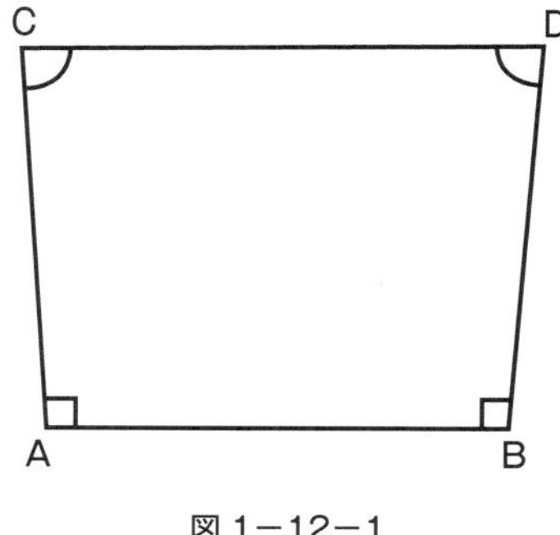

図１－12－１

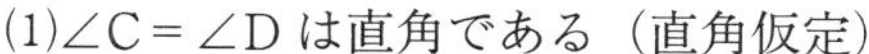
⑴∠Ｃ＝∠Ｄは直角である（直角仮定）
⑵∠Ｃ＝∠Ｄは鋭角である（鋭角仮定）
⑶∠Ｃ＝∠Ｄは鈍角である（鈍角仮定）

そして、⑴が真であれば、三角形の内角の和は２直角となり、⑵が真であれば、三角形の内角の和は２直角より小となり、さらに⑶が真ならば、三角形の内角の和は２直角より大となることを証明しました。

そこで、サッケリは「三角形の内角の和は２直角に等しい」ということが、第５公準と同等である以上、これを証明するためには仮定⑵および⑶が真でないことが証明できればよいことから、それに懸命に努力をしました。というのは、起こり得るすべての場合が３つあって、そのうち２つが真でなければ残る１つは当然、真になるからです。サッケリは、証明できたと信じましたが、その証明の中に誤りがありました。

ガウス（1777－1855）も、また第５公準を十分に研究し、非ユークリッド幾何学発見の端緒を開いていたと思われていますが、当時ユークリッド幾何学がすべてであって、これに反するものはあり得ないという風潮におされて、その大部分を発表しませんでした。

このような状態から強引に突きぬけたのは、ロシアの数学者ロバチェフスキー（1793－1856）とハンガリーのボリアイ（1802－1860）でした。２人は独自に、第５公準を研究し、サッケリのいう鋭角仮定から出発して、ここに矛盾のない新しい幾何学を建設し得ることを示しました。ロバチェフスキーの研究は1840年にドイツ語で「平行線論」と題して発表し、ボリアイは1832年に、彼の父の付録として発表しました。彼らは第５公準を別の性格の命題でおきかえるという大胆な方法をとりました。

第５公準を否定する命題を第５公準の代わりにとり、他の公準・公理をそのままにして、１つの新しい矛盾のない幾何学ができることを示したのです。第５公準の代わりに使った命題は「１直線 l 外の点Ｐから l に垂線PHをひき、Ｐにおいて PHと等しい鋭角をなす２直線PA、PBを引く。このとき∠APB内を走る直線は l と交わり、そうでない直線はすべて l と交わらない」です。

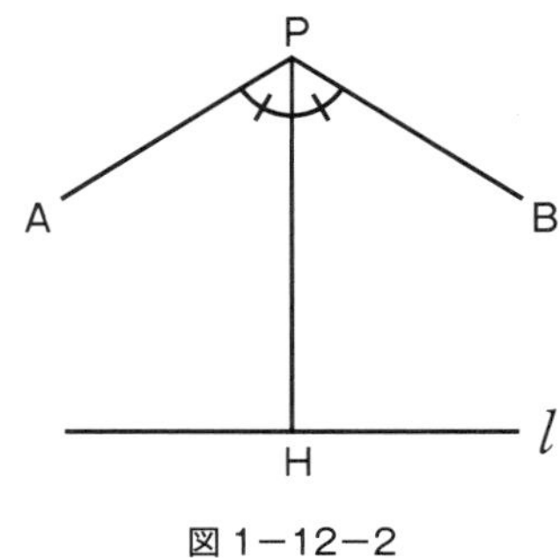

図１−12−２

この幾何学をロバチェフスキーの幾何学といいます。この幾何学では、ユークリッドの第５公準を使わずに証明できる定理はそのまま成り立ちます。ただ第５公準を使うところでは、上の命題でおきかえて使えばよいのです。この部分のちがいが前述のサッケリの鋭角仮定に対応する結論を導くことができるのです。

この幾何学では「与えられた線上にない１点を通って、与えられた線に平行な線は１本よりも多くひくことができる」また、「三角形の内角の和は２直角より小さい」、さらに「三角形の面積は２直角とその内角の和との差に比例する」などの諸原則が成り立ち、ユークリッド幾何学とは異なった奇妙なものです。

その後、ドイツの数学者リーマン（1826－1866）は、1856年に「幾何学の基礎をなす仮定について」という講演で、ユークリッドの第５公準の代わりに「１平面上にある２直線は必ず交わる」という公準を用いて、やはり矛盾のない新しい幾何学が建設されることを示しました。この幾何学をリーマンの幾何学といいます。これはサッケリの鈍角仮定に対応するものです。

この幾何学では、直線は無終であるが有限で、すべての相異なる２直線は必ず２点で交わるから平行線は存在しません。また、三角形の内角の和は２直角よりも大です。リーマンの幾何学とロバチェフスキーの幾何学を総称して非ユークリッド幾何学といいます。

さて、ユークリッド幾何学と非ユークリッド幾何学とは、根本的に相異なる仮定から出発して組み立てられています。それならば、ユークリッド幾何学と非ユークリッド幾何学の両方がともに成り立つことがあり得るであろうか、どちらか一方は矛盾を含むという心配はないであろうか。この問題はクライン（1849－1925）などによって解決されました。非ユークリッド幾何学に矛盾があれば、ユークリッド幾何学にも矛盾があり、もしユークリッド幾何学が正しければ、それと全く同じ意味で非ユークリッド幾何学も、また正しいということが明らかになりました。

ところが、ユークリッド幾何学は昔から絶対の真理と信じられていましただけに、その公準を否定した非ユークリッド幾何学の成立は、数学的真理の価値さえ疑わせる大きな問題になりました。この問題は多くの数学者や哲学者を悩ませましたが、これを整理したのはヒルベルト（1862－1943）です。1899年に『幾何学基礎論』を著し、その中で公準・公理はなんら真理である必要はなく、単なる仮定で十分であるという新しい公理主義の考えを打ち立て、数学を形式の学問として再建しました。

一方、非ユークリッド幾何学のうちリーマン幾何学は、今世紀に入ってアインシュタイン（1879－1955）の相対性理論のなかに取り入れられ、現代の物理学にも深い関連をもつにいたったのです。

ユークリッドの第5公準の証明は不可能でした。しかしサッケリをはじめとし、2000年にわたって幾多の数学者がその成立を確信していたのは何のためであったのでしょうか。それは直観の過信であったのです。わたしたちの直観は現在でも平行線の唯一性を確信せしめます。非ユークリッド幾何学は直観を超越したところの幾何学です。人間の直観からは承認しがたいものですが、それを超越し得て初めて、現代の数学が誕生したのでした。

第 13 節　正確に論理をすすめ 正しく推論を

【問題】「A 君は、水泳ができるか、または登山ができる、というわけではない」という文章は、何を意味しますか。

【解説】 わたしたちは、日常の生活もそうですが、特に数学の世界では、正確に論理をすすめ、正しく推論をすすめていくことが大切です。論理は、わたしたちの生活のための地図のすじ道を明らかにしてくれる力であり、「考える葦(あし)」といわれる人間だけが使いこなすことができる大切な道具です。

1. 命題

わたしたちは「今日は天気がよい、どこへおでかけですか」などの言葉を使います。「今日は天気がよい」と「どこへおでかけですか」という文章を数学の世界で考えたとき、大きな違いがあります。前の文はある特定の場所を定めたとき、今日天気がよければ、その文章は真で、天気が悪ければ偽です。このように、それが真であるか偽であるか判断できる文章を命題といいます。しかし、後の文章は真偽の判断ができませんから命題ではありません。「日本一の高い山は（富士山でなく）大山である」の文章は命題（偽の命題）です。「岡山県は中国地方にある」の文も命題（真の命題）です。

さて、わたしたちが万人を納得させるために議論をすすめるということは、真である命題をつぎつぎとつなぎ合わすことによって、最後に真の命題を導き出すことを意味します。この方法は数多くありますが、それを分析すると、結局は、否定、合接、離接の 3 つに帰着します。

2. 否定（～でない）

表１－13－1

p	pの否定
真	偽
偽	真

「雪は白い」の否定は「雪は白くない」――①

「6は奇数である」の否定は「6は奇数でない」――②

①では、もとの命題は真で、その否定は偽、②ではもとの命題は偽でその否定は真です。このように１つの命題の否定もまた命題です。

一般に、１つの命題pとpの否定（$\bar{p}$と表す）の真偽を表にしたのが表１－13－1で、これを真理表といいます。

3. 合接（かつ）

表１－13－2

p	q	pかつq
真	真	真
偽	真	偽
真	偽	偽
偽	偽	偽

２つの命題

p：今日雨が降る　q：今日風が吹くを、接続詞「かつ」で結んで、今日雨が降り、かつ、今日風が吹く、すなわち「pかつq」という新しい命題を作ることがあります。これをpとqの合接とよんで、$p \wedge q$と表します。２つの命題、p、qのそれぞれの真偽によって４つの場合がありますが「pかつq」は、pとqの両方が真のときに限って真である、ということは明らかです。この真理表が表１－13－2です。

4. 離接（または）

表１－13－3

p	q	pまたはq
真	真	真
偽	真	真
真	偽	真
偽	偽	偽

２つの命題

p：山に行く　q：海に行く

を、接続詞「または」で結んで、山に行くか、または、海に行く、すなわち「pまたはq」という新しい命題を作ることがあります。これをpとqの離接とよんで、$p \vee q$と表します。p、qの真偽に応じて、「pまたはq」の真偽はどうなるでしょうか。「山に行くか、または、海に行く」という場合、その一方のみが真のとき$p \vee q$が真であると言うのか、それとも少なくとも一方が真のとき$p \vee q$が真であると言うのか、どちらでしょうか。どちらでも正しいような感じがしてあいまいですね。数学の世界ではこれでは困ります。そこではどちらの意味に使われているか。それを判断する１つの例を考えてみましょう。

$a \cdot b=0$を、$a=0$、または、$b=0$といいます。この場合の「$a=0$、または、$b=0$」は、明らかに$a=0$かつ$b=0$、$a \neq 0$かつ$b=0$、$a=0$かつ$b \neq 0$、のどれかを意味しています。だから、$a=0$または$b=0$という場合の「または」は、明らかに少なくとも一方が真のときであることを意味しています。したがって、p、qのうち少なくとも１つが真のとき、$p \vee q$は真で、p、qがともに偽のときだけが偽になります。この真理表が表１－13－３です。

5. ドゥ・モルガンの法則

２つの命題、p：$a=0$、q：$b=0$とすると、p、qの真偽の組み合わせとして考えられるのは、

$p \wedge q$：$a=0$　かつ　$b=0$

$\overline{p} \wedge q$：$a \neq 0$　かつ　$b=0$

$p \wedge \overline{q}$：$a=0$　かつ　$b \neq 0$

$\overline{p} \wedge \overline{q}$：$a \neq 0$　かつ　$b \neq 0$

の４つです。

$p \vee q$、$a=0$または$b=0$は、$p \wedge q$、$\overline{p} \wedge q$、$p \wedge \overline{q}$の３つの場合を含みますから、「$p \wedge q$」の否定は、残りの$\overline{p} \wedge \overline{q}$になります。

つまり、$\overline{p \vee q}=\overline{p} \wedge \overline{q}$となります。同じようにして、$\overline{p \wedge q}=\overline{p} \vee \overline{q}$が成り立ちます。この法則をドゥ・モルガン（1806－1871）の法則といい、記号論理学で最も重要な法則のひとつです。

このドゥ・モルガンの法則を用いますと、冒頭の【問題】も簡単に解決することができます。

「A君は水泳ができる」をp、

「A君は登山ができる」をqとしますと、「A君は水泳ができるか、または、登山ができるというわけはない」は「A君は水泳ができるか、または登山ができる」の否定になりますから、$\overline{p \vee q}$となります。これはドゥ・モルガンの法則によって、$\overline{p} \wedge \overline{q}$に等しいから、「A君は水泳ができなく、しかも登山もできない」ということを意味します。

6. 条件文（ならば）

2つの命題p、qを接続詞「ならば」で結びつけて得られる命題、

「pならばq」を条件文といい、$p \rightarrow q$で表します。

「pならばq」は「pであって、qでない、ということはない」ということを意味します。つまり、

$p \rightarrow q = \overline{p \wedge \overline{q}} = \overline{p} \vee \overline{\overline{q}} = \overline{p} \vee q$

となって、条件文「$p \rightarrow q$」は、否定と離接に帰着させることができます。論理は集合と並んで現代の数学の基礎となっています。

第14節　円に内外接の多角形から円周率導き出す

【問題】円周率πの値はどのようにして求めたらよいか。

【解説】 人間の考えた図形の中で最も完全な対称形を持った図形が円であると思った人たちは、大昔からたくさんいました。古代の人たちは、円周の直径に対する比の値が一定であり、その値は3より少し大きい値であることを早くから知っていました。

ギリシャの数学者アルキメデス（B.C287－212）は、円に内接、及び外接する正

六角形をかいて、円周の長さは、内接正六角形の周よりは長く、外接正六角形の周より短いことに着目して、この円に内接、外接する正六角形の辺の数をつぎつぎと2倍して、円に内接、外接する正12角形、正24角形、正48角形、正96角形を作り、これから、円周率πは、

$$3\frac{10}{71}<\pi<3\frac{1}{7}$$

であるという不等式を証明しました。この不等式の左辺と右辺を小数で表せば、

$$3.140\cdots<\pi<3.142\cdots$$

となりますから、アルキメデスは、円周率πを、3.14まで歴史上初めて理論的に正しく求めました。

なお、アルキメデスは、半径rの球の表面積と体積がそれぞれ、

$$S=4\pi r^2、V=\frac{4}{3}\pi r^3$$

で与えられることを証明しました。

さて、インドの数学者バスカラ（1114－1185）は、アルキメデスの方法を続けて、円に内接、外接する正六角形から始めて、辺の数を6回も2倍していって、円に内接する正384（$=6\times2^6$）角形を作って、

$$\pi=\frac{3927}{1250}=3.1416\cdots$$

を求めました。またヨーロッパでは、アンドリア・アンソニス（1527－1607）がアルキメデスの方法をさらに続けて、円に内接、外接する正1536（$=6\times2^8$）角形を作って、

$$\frac{333}{106}<\pi<\frac{377}{120}$$

を証明し、円周率の近似値を得るために、分子の平均

$$\tfrac{1}{2}(333+377)=355$$

を分子とし、分母の平均

$$\tfrac{1}{2}(106+120)=113$$

を分母とする分数

$$\frac{355}{113}=3.141592\cdots$$

として、小数点以下第6位まで正しい近似値を求めました。さらに、ドイツの数学者ルドルフ（1540－1610）は、円の周をつぎつぎと2等分していって、円に内接、

外接する正4611686018427387904（$=2^{62}$）角形を作り、円周率の値を、

$\pi=3.14159265358979323846264338327950288\cdots$

と、小数点以下第35けたまで求めました。ルドルフは円周率の計算に一生を費やしてしまいました。円に内接、外接する正多角形を利用して円周率を計算するという方法がいかに大変かを示すもので、小数点以下第40けたぐらいまで求めることが精一杯でした。日本の数学者、建部賢弘（1664－1739）は小数点以下第41けたまで正しく求めています。

ところが、17世紀に入って、ニュートン（1642－1727）とライプニッツ（1646－1716）によって微分積分学が発見され、円周率を無限級数で表す公式が見いだされ、それを使えばアルキメデスの方法よりも計算がより楽になることがわかりました。それにつれて円周率の計算競争は以前よりも増してはげしくなっていきました。

この方法を最初に発見したのは、グレゴリー(1638－1675）でした。グレゴリーは、$\frac{\pi}{8}=\frac{1}{1.3}+\frac{1}{5.7}+\frac{1}{9.11}+\cdots$という無限級数を見いだしました。シャープ（1651－1742）はこの公式を利用して、円周率の値を小数点以下第71けたまで正しく求めました。

さらに、マチン（1685－1751）は計算に便利な公式として、

$$\frac{\pi}{4}=4\left\{\frac{1}{5}-\frac{1}{3}\left(\frac{1}{5}\right)^3+\frac{1}{5}\left(\frac{1}{5}\right)^5-\frac{1}{7}\left(\frac{1}{5}\right)^7+\cdots\right\}-\left\{\frac{1}{239}-\frac{1}{3}\left(\frac{1}{239}\right)^3+\frac{1}{5}\left(\frac{1}{239}\right)^5-\frac{1}{7}\left(\frac{1}{239}\right)^7+\cdots\right\}$$

を使って、円周率の値を小数点以下第100けたまで求めました。こうして、無限級数を利用する円周率の計算競争は続きました。しかしこれも、紙と鉛筆を用いて計算したのでは、小数点以下500けたか、それを少し超す程度が精一杯でした。

ところが、戦後電子計算機の発達によって、1949年にアメリカの数学者は、円周率の値を小数点以下2037けたまで求めることに成功しました。こうして、円周率の値は、無限級数を利用して電子計算機を用いることにより、1970年代ごろには小数点以下100万けたまで計算されています。この『円周率100万けたの本』は、日本では京都大学の数理研究所の図書室にあるそうです。その本によると、710149けた目から3が7けた続き、末位が……51であるということです。

このように円周率の近似値をどんどん精密化していくことは、実際の使用という立場から考えれば苦労の割には、あまり意味のないことです。しかし、円周率の近似値が小数点以下何けたまで求められるかは、その国や学問団体、学者個人の能力を示すバロメーターであったし、今では電子計算機の能力を示す値ともなっています。近年も円周率は更新され続けています。例えば、2020 年に 50 兆桁、2021 年に 62.8 兆桁、そして 2022 年 6 月にはついに 100 兆桁に更新され、その後も更新され続けています。

この円周率を記録しておくために、いろいろな工夫が考え出されています。終わりに日本の１例をあげておきます。

身一つ・世一つ・生くに無意味・い・わくなく・ 身ふみや読む・似ろよ・さんざんやみになく	31・41・592653・5・8979・ 323846・264・3・3・83279
産医師異国・に向こう・産後やくなく・産婦みや・ しろに虫・さんざんやみに鳴く・ご礼には早よ行くな・ ひとむくさ・んくく・みなごいれ	31459・265・358979・3238・ 46264・3383279・502884197・ 1・693・99・37510

第 15 節　ソフィストは道具使い
作図に成功

【問題】定木とコンパスを何回か使って、60° の角を３等分しなさい。

【解説】 ギリシャがペルシャに、紀元前 480 年のサラミスの大海戦で勝って以来、ギリシャは長い間にわたるペルシャの圧迫からのがれることができ、ギリシャはますます栄えるようになっていきました。特にアテネは、ギリシャの政治と文化の中心となり、いろいろな国の学者がここに集まり、アテネの市民は、生活上の労働は奴隷にまかせて、政治と学問に熱中したのでした。こうしてアテネの市民は教養を積む必要にせまられ、それに対して、ソフィストとよばれる家庭教師を職業とする人たちが現れました。このソフィストたちは、幾何学（図形）について三大難問といわれる大きな話題を残しています。幾何学における作図に関するもので、その1つが「適当に与えられた角を3等分しなさい」というものでした。この他に「与えられた立方体の2倍の体積をもつ立方体を作図しなさい」「与えられた円と同じ面積をもつ正方形を作図しなさい」があります。ソフィストたちは、これら3つの問題を、定木とコンパスだけを使って解決しようといろいろと試みましたが、成功することができませんでした。この問題が解決されたのは実に2000年後でした。ここでは「適当に与えられた角を3等分しなさい」という作図問題についてその経緯を述べてみましょう。ソフィストたちは、「与えられた線分を2等分する」「与えられた角を2等分する」「与えられた線分を3等分する」という作図問題を定木とコンパスを使って解くことができました。これは、みなさんが小学校や、中学校1、2年生のときに学習したことがソフィストたちの解答そのものです。

以上の3つの作図問題を解くことができたことからソフィストたちは「適当に与えられた角を3等分する」という問題も、定木とコンパスを用いて簡単に解けると考え、解法をいろいろと考えたのでしたが、なかなか解決を見付けることができませんでした。そこでソフィストは、図1−15−1のように道具を用いることによって作図に成功しました。それは、長さが$2a$の定木ABの中点をMとして、MBの部分へ幅がaの定木MCDBを直角にとりつけたものです。この道具を使って与えられた角XOYを2等分するには、角XOYの辺OYに平行で、OYからaだけ離れたところに平行線lを、OXのある側に引く。ここで、この道具を、点Aが辺OX上へ点Bが直線l上へ、CMが点Oを通るようにおきます。すると、三角形AOMと三角形BOMは合同であるから、角AOMと角MOBは等しい。また、点Bから辺OYに垂線BHを引くと、三角形BOMと三角形BOHは合同であるから、角MOBと角BOHは等し

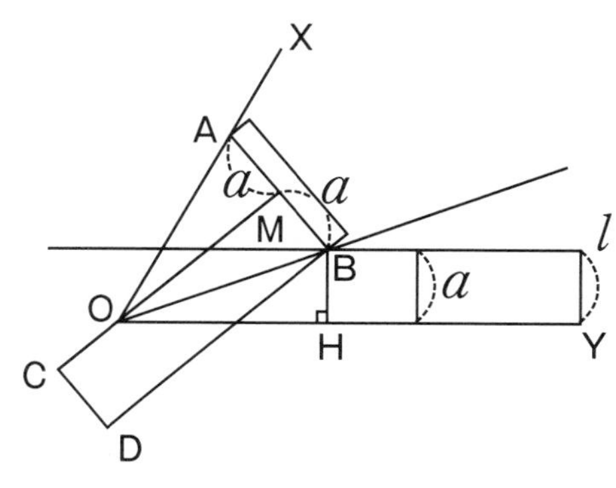

図1−15−1

い。よって、OM、OB は与えられた角 XOY を三等分する。

また、あるソフィストは円でないある種の曲線を用いて、与えられた角を３等分することに成功しました。また、別のソフィストは定木の上へ印をつけるという定木の使い方で成功しました。また、なかには、定木とコンパスを無限回用いることによる解法を考えたソフィストもいました。しかし、ソフィストたちは、道具を用いる作図を器械的な作図とよんできらい、直線と円以外の曲線を用いる方法も幾何学的でない、とし、定木の上へ印をつけることも幾何学の美しさを損なうものであると非難しました。「定木は２点を結ぶ直線を引く目的にだけ、コンパスは１点を中心として与えられた半径の円をえがく目的にだけしかも有限回用いる」という制約のもとに解こうということでした。ソフィストたちはこの制約の中で、多くの作図問題を解くことに成功しましたが、簡単であると思われた「与えられた角を３等分する」問題は多くのソフィスト、学者の努力にかかわらずなかなか解くことができませんでした。

ところが、19 世紀になって、これらの問題は彼らの制約の中では解けないことが証明されたのでした。与えられた角が定木とコンパスで３等分できるかどうかという問題は、三次方程式 $x^3-3x-a=0$ が、定木とコンパスを用いてできる加減乗除と、開平という計算だけで解けるかどうかという問題に帰着されることが示されました。与えられた角が 60° であれば、$a=1$ となり $x^3-3x-1=0$ が有理数の解をもっていれば解けるという代数学の問題に帰着されます。これが有理数の解をもっていないことから、60° の角を定木とコンパスを有限回用いて３等分することは不可能であることが証明されました。このようにして前述の他の２つの作図問題も不可能であることが証明されたのでした。

第 16 節　「考える」ことは課題の観察から

【問題】 次の絵を見て、数学の問題を作り、それを解きなさい。

【解説】 数学の勉強といえば、問題を解くことがほとんどではないかと思います。これは非常に大切なことですが、また問題を見つけることも大切です。時には、みなさんで、第 17 節のように、ある場面を設定して、その場面の中から、不必要なものは捨て、必要なものだけをとり出して、数学の問題を作り、それを解いてみたらどうでしょうか。この絵のいろいろなものを見て、これからどんな数学の問題が作れるか、いろいろ書いてみたらどうでしょう。そういう過程が数学では大切です。その中でも特にある課題をもって場面（事象）をよく観察することが大切です。話が少し飛躍しますが、ニュートンが木からリンゴが落ちるのを見て万有引力を発見したという話はみなさんもよく知っていることですね。これは伝説くさいのですが、事実としたときに、これをみなさんはどのように受け取るでしょうか。

ある人はニュートンが偶然にリンゴが木から落ちるのを見て不審に思い、リンゴを木から落とす力は何であろうかと考え、ついに万有引力の考えに到達したのだと

受け取るでしょう。また、ある人は、ニュートンは天体の運行をはじめ、力学に関する研究に没頭し、これを解明しようと日夜苦しんでいた。このような矢先に偶然にリンゴが木から落ちるのを見て、はっと胸をうつものがあり、万有引力といわれる考え方がひらめいたと受け取るでしょう。事実がどうであったかはわかりませんが、他の発見者の実例から考えると後者の場合と思われます。しかしいずれにせよ、リンゴが木から落ちることは、あたりまえのことで、何の不思議もないことですが、それをあたりまえと見ないところにニュートンのすばらしさがあったと思います。このニュートンの例からもわかるように、問題を自分で発見する場合でも、与えられた問題に当面する場合でも、問題と自分との間の溝を知りつくすことが大切です。だから、考えることは課題（場面）の観察から始まります。そして「花の美しさはその花にあるのではなくて、人間の精神がその花に美しさを与えるのである」と、カントの言葉にもあるように、どれだけ課題意識をもって事象を観察するかにかかっていると思います。

それでは、前ページの絵を見て問題を作り、それを解いてください。よい問題が作れたら、友達や先生に教えてあげてください。きっと喜ばれると思いますよ。

第 17 節　理想・単純化し関数を引き出す

【問題】 下の絵から一次関数の問題を作り、それを解きなさい。

【解説】 前節に続き、ある場面から数学の問題を作り、それを解くことを考えてみましょう。特に今回は、数学の問題を作る過程を中心に説明してみましょう。

1. ある場面を関数のメガネをかけて観察する

図 1－17－1 を関数という観点から観察するといろいろなものが考えられます。

2. 関数の対象となるものを取り出す

図１−17−1

絵の中には、関数の対象となるものがたくさんありますが、ここでは図１−17−２のようにタイルに着目して、他のものはすべて捨象しました。

3. 理想化したり、単純化したりなどして関数となるように構成する

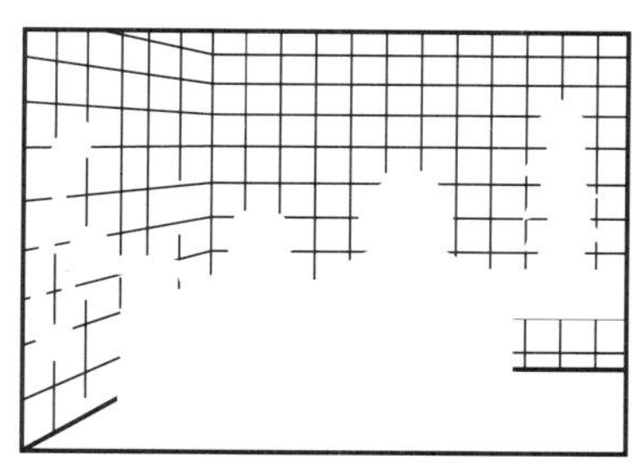
図１−17−2

次に取り出したタイルを数学の舞台に乗せるために、理想化したり、単純化したりして関数となるようにします。ここでは、タイルが正方形でできていると理想化します（図１−17−3）。さらに、関数となるようにするためには、変化させなければなりません。これを図１−17−４のように、正方形を１枚、２枚、３枚……と重ねていったように考え、他のタイルは捨象します。この図１−17−４からもいろいろな一次関数が作れ

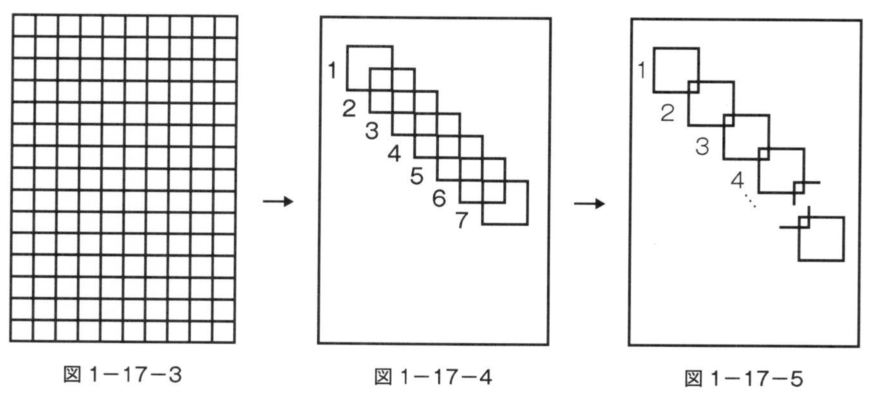

図１−17−3　図１−17−4　図１−17−5

ますが、変化のようすが視覚的によくわかるよう、図1−17−5のように構成しました。

4. 一次関数の問題を作る

ここまでくれば、図1−17−5から一次関数の問題がいろいろ作れます。1つの例をあげると——。

【問題】 1辺4cmの正方形を、対角線上に頂点がくるようにして、1辺が1cmずつ重なっているとする。正方形を x 枚重ねてできる図形の面積を y cm^2 とするとき、x と y の関係を求めなさい。

5. 問題を解く

この問題の解法はいろいろあります。その1つを示してみました。

【解】 x、y の2つの量のともなって変わるようすを表にかくと次のようになる。

x	1	2	3	4	5	6	7	8	…
y	16	31	46	61	76	91	106	121	…

この表から、$y=15x+1$ となることが予想される。

正方形 x 枚の面積は $16x$ cm^2 と表される。ところが、これには、2つの正方形が重なってできる面積1cm^{2}の正方形（$x-1$）枚を二重に計算されているから次のようになる。

$y=16x-(x-1)$

$\therefore y=15x+1$（x は自然数）

よって、y は x の一次関数である。

変化のようすを視覚に訴えるためグラフに表してみると、図1−17−6のようになります。

6. 新たな問題または発展問題を作り、それを解く

これで、１つの一次関数が作れました。完成した喜びを味わうと同時に、この問題から新たな問題または発展問題を考える必要性が生まれてきます。例えば問題の実線の部分を他のものにいろいろと置き換えることによって、また新たな一次関数が作れます。「図形の内角の和を y 直角」とすると、

$y=8x-4$ $(x \in n)$

となります。

この他にも「図形のまわりの長さを y cm」とすると、

$y=12x+4$ $(x \in n)$

「交点の数を y」とすると、

$y=2x-2$ $(x \in n)$

など、この他に少なくとも９個ぐらいあります。考えてみてください。

さらに、図１−17−５で、この正方形を、三角形、五角形、六角形、…、円などに変換することによってまた新たな一次関数が作れます。変換によって、「交点の数 y」のように変わらない一次関数がいくつかあることに気づかれるのではないかと思います。

このように１つのある場面の絵から数学の問題を考え、解き、それを発展させるという一連の学習を通して、数学の多くの大切な考え方を自然に身につけることができるのではないかと思います。このような学習は与えられた問題を解くという学習とは違った楽しさがあります。ただし、ここでいう楽しさとは、テレビを見るような楽しさではなく、平凡なもので満足せず、より価値的に高いものを追求していく過程で、あるいはその結果によって表れるものです。苦しみ、もがいているうちに、１つの光が見え、それを追求し

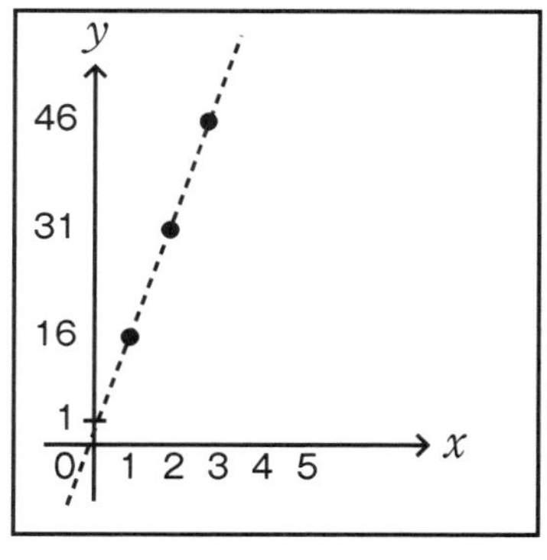

図１−17−６

ていく。できたときの喜び。そしてそれまでの苦しみ抜いた過程を振り返ると、底知れぬ楽しさがある。これが本当の楽しさではないかと思います。私はみなさんにそのような数学を少しでも多く経験してほしいと思います。

第18節　事象をよく観察し　数学眼養おう

【問題】図1−18−1は、小学校2年生になる佐規子さんの算数のノートの一部です。これからどんなことが見つけられますか。できるだけたくさん見つけなさい。

【解説】前節（第17節）は、身近なある場面の絵から、関数の対象となるものを取り出し、それを一次関数という数学の舞台にのせる過程について、その一例を説明しました。今回は、数学の世界のある場面を観察して、そこから、次元の異なった数学の舞台にのせる過程の1つの例を紹介してみましょう。

1．事象を観察し、本質的なものを取り出す

図1−18−1を10分間ほどじっくり観察しますと、いろいろなことを発見されるのではないかと思います。最初は、全体に目を向けて、その中に、どんな共通性があるか、それを見つけようと苦労されるのではないかと思います。しかし、そこには、期待するような性質は見つけられません。そこで、当然の方向として、一つひとつの計算に着目し、つい、はじめは不必要なものに気をとられて、なかなか思うようにいきません。実は、この計算の中には、ある事実を見つけるために

…56=72	88+88…
83−17=66	64+46=110
38−12=26	98−21=77
25+52=77	16+62=78
50+33=83	71+17=88
71−17=54	85−58=27
93+22=115	62−26=36
…−12=6	58+3…

図1−18−1

必要な計算ばかりでなく、不必要な計算がいくつか含まれています。その不必要なものを捨象して、本質的なものを見ぬくための場が設定されています。人間は、時につまらないことに気をとられて、大切な本質的なものを見失うことがあります。つまらないことは捨象して、何が大切で、本質的であるかみきわめることが大切です。このように数学の学習の中に、望ましい人間の生き方というものを学ぶことができます。

いろいろと試行錯誤を繰り返しながら、その中から図１－18－２のような２組の仲間を取り出すことができると思います。

$71-17=54$	$25+52=77$
$62-26=36$	$71+17=88$
$85-58=27$	$64+46=110$

図１－18－２

2. 予想する

次に、どんな観点で取り出したかをはっきりさせるために、これを文章化します。これが図１－18－３です。

２けたの整数とその数字を逆にした整数との差は９の倍数である。	２けたの整数とその数字を逆にした整数との和は11の倍数である。

図１－18－３

3. 他の例で確かめる

わずかな例から予想した図１－18－３が、すべての場合にいえるのではないか疑問を持ちました。そこで他の例で、このことが成り立つかどうか確かめてみましょう。もし１つでもいえない例があれば、予想したことが成り立たないことになります。他のいくつかの例で確かめたものが図１－18－４です。ここでは２数の差についてだけ確かめることにします。

この例からでも、図１－18－３で予想した事実がすべての場合についていえるのではないかという期待をさらに強くすることができました。しかし、すべてについて、言い切ることは、まだできません。図1－18－4以外の例でいえない場合があるかもわかりません。だからといって、すべての場合について確かめることは、この場合はできないことはありませんが、これは大変です。そこで、すべての場合について確かめないで、予想したことが成り立つことを仲間に認めさせるためにはどうしたらよいでしょうか。

$96-69=27$（$=9\times3$）	$37-73=-36$（$=9\times(-4)$）
$32-23=9$	$55-55=0$（$=9\times0$）
$18-81=-63$（$=9\times(-7)$）	

図1－18－4

4. 証明する

ここに証明の必要性が生じます。ここでは、文字に置き換えることによって証明できます。それが図1－18－5です。この証明によって文字式のもつよさを十分に味わうことができます。このように文字式は中学校の数学で非常に大切な役割をしています。

証明

はじめの整数の十の位の数を a、一の位の数を b とすると、
2数の差は

$(10b+a)-(10a+b)=9(b-a)$

となり、9の倍数である。

図1－18－5

5. 発展する

ここで、今まで学習したことを振り返ってみることは、今まで学習したことを確かなものにするだけでなく、さらに新しいものを発見するためのエネルギーになります。

「これまでの学習から、次にどんなことを学習したいか」とみなさんがたずねら

れたら、どう答えますか。ここで大切なことは、これまでの学習から、次にこのようなことを調べてみたいというはっきりとした方向性を持っていることです。これまで、２数の差について考えたから、前の段階で保留している２数の和について調べてみたいと思うことも１つのよい方向性があります。また、２数の差を、２けたについて調べたから、次に３けたについて調べてみたいと思うのも、よい方向性を持っているといえます。その他、いろいろと方向性を持ち、実際にそれを調べてみてほしいと思います。ここでは１例として、２数の差を２けたから、さらに３けたへ発展してみたいと思います。これが図１−18−６です。この予想が成り立つかどうかは３の「確かめる段階」からでも、４の「証明の段階」からでもよろしいから試みてください。これが成り立つことは２けたと同じように文字を用いて証明することができます。

発展
３けたの整数と、その各位の数を逆にした数との差は９の倍数になる。

図１−18−６

$100d - d = 99d$
$d - 100d = -99d$
$100d - 10d = 90d$
$10d - 100d = -90d$
$10d - d = 9d$
$d - 10d = -9d$

図１−18−７

ここまでくると、もとの整数とその各位の数字を逆にした数との差については、４けた、５けた、６けたと調べていき、一般にｎけたへと発展することができます。これから、さらに発展して、３けたの整数で、その数字の順序をいろいろ変えてできる６組の数のそれぞれの差も９の倍数になることも文字式を用いて証明され、その中で部分的な式の計算図１−18−７に着目して、これから、４けた、５けた……、さらに一般的にｎけたについても数字の順序をいろいろ変えてできる整数のうちの２数の差は９の倍数であるということへ発展することができます。

この様子を表したものが図１−18−８です。

以上のように、小学校２年生の算数からでも、数学という目をもって見ると、そこにより次元の高い数学が存在していることがあります。このような数学眼を大いに養ってほしいと思います。

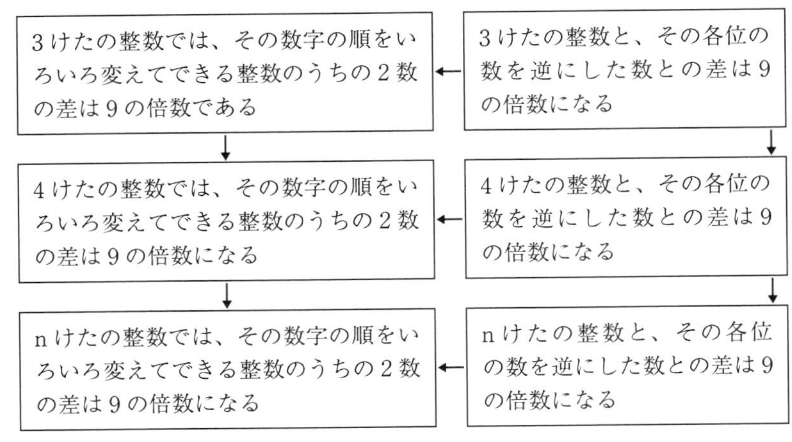

図1−18−8

第19節　作れるのは4次まで
方程式の解求める公式

【問題】次の方程式を解きなさい。

$x^2-6x+8=0$

$x^2+x+1=0$

【解説】 1次方程式

$ax+b=0$ （$a\neq 0$）

の解が、$x=-\dfrac{b}{a}$であることは、みなさんもよく知っておられることと思います。1次方程式の解が、与えられた方程式の係数で書き表されることは、すでに古代エジプトにも見いだすことができます。

次に、2次方程式$x^2-6x+8=0$の解は、一般の二次方程式

$ax^2+bx+c=0$ （$a\neq 0$）

の解

$$x=\frac{-b\pm\sqrt{b^2-4ac}}{2a}$$

であるという、２次方程式の解の公式を用いて、これに、$a=1$、$b=-6$、$c=8$ を代入して、

$$x=\frac{-(-6)\pm\sqrt{(-6)^2-4\times1\times8}}{2\times1}$$

$x=2$、4

として、求めることができます。このような２次方程式の解を、解の公式を用いて求める方法は、インドの数学者、アリアバータ（476－550)、ブラマグプタ（598－？)、バスカラ（1114－？）などによって、発見されています。しかし、この当時の方程式の解は正の数のみでした。ましてや

$$x^2+x+1=0$$

の解を上の解の公式を用いて求めるとわかるように、

$$x=\frac{-1\pm\sqrt{-3}}{2}$$

となって、ここに、$\sqrt{-3}$という奇妙な数を含むような方程式は当然除外されていました。２乗して－3になるような数は中学校の段階でもあり得ませんから除外されているのと全く同じ理由からでした。ところが、$\sqrt{-3}$のようなものをいち早く「新しい数」であると決断したのは、イタリア人ボンベリ（1530－？)、オランダ人ジラール（1595－1632）でした。しかし、この２人の数学者と同時代のほとんどの数学者は、方程式の解としては$\sqrt{-3}$を含むようなものはもちろんのこと、「負の数」さえも認めませんでした。しかし、$\sqrt{-3}$のようなものを数と認めることによって、どんな２次方程式の解も、必ず２つあるという便利さなどから次第にこのようなものも数と見られ、このような数を含むものも解として認められるようになりました。

さて、２次方程式の解の公式を作ることができることから、当然の結果として次に問題になったのは、一般の３次方程式

$$ax^3+bx^2+cx+d=0\ (a\neq0)$$

の解の公式でした。つまり、この方程式の係数を使って、解の公式を作ることでした。これを発見したのが、16世紀のイタリアの数学者タルタリア（1499－1557)

でした。彼は幼少のころ父を失い、家が貧困であったので学校へ行くことさえもできませんでした。しかし彼は独学で、ラテン語、ギリシャ語、数学を学び、非常に若いときから数学の力は大変なもので、大学の教授以上の力をもっていたといわれています。それを物語る彼には次のようなエピソードがあります。

3次方程式

$ax^3+bx^2+cx+d=0$ $(a \neq 0)$

を解くためには、

$x^3+px+q=0$

の形の3次方程式を解けばよいことは簡単に導かれますが、その当時は負の数を一般的に取り扱うということはしていませんでしたので、

(1) $x^3+mx+n=0$

(2) $x^3+mx-n=0$

(3) $x^3-mx+n=0$

(4) $x^3-mx-n=0$

の4つに分類していました。m と n は正の数ですから(1)は正の解をもっていないことは明らかです。そこで、人々は(2)、(3)、(4)の方程式の解法に取り組みました。この3次方程式の解法に最初に成功したのが、ボローニア大学教授フェロ（1465－1526）であるといわれていますが、どんな解法であったかは知られておりません。フェロは自分が成功したことを人々に自慢らしく話しました。これを聞いたタルタリアは、3次方程式の解法を研究していたので公開の席で、3次方程式の解き合いをする試合をしようとフェロに申し込みました。試合の結果、タルタリアはフェロの出した30問の問題をわずか2時間ほどですべて解いたのでした。一方フェロはタルタリアの出した問題30問を制限日数の50日を使っても一題として解くことができませんでした。その後、タルタリアはさらに研究を重ね、ついに一般の3次方程式の解の公式を発見しました。

それにひきつづいて一般の4次方程式の解の公式を最初に求めたのが、同じイタリアのフェラリ（1522－1565）でした。そこで、さらに多くの数学者は、5次以上の方程式についても、やはり解の公式が同じように作れるのではないかと、いろい

ろ試みましたが、誰一人として成功する人はいないまま、約300年の年月がすぎ去っていきました。しまいには、この問題はあまりにも難解なために「あれにとりつくと命取りになる」という風潮が現れ次第に数学者たちは遠ざけるようになりました。

最後に告げられた結果は意外なものでした。すなわち、19歳の青年アーベル（1802－1829）は先輩の忠告をもかえりみないで、この問題に没入し、ついに、5次以上の方程式は、解の公式を作ることはできないということを証明しました。しかし、アーベルは輝かしい研究をなしとげましたが、たいして認められることもなく、失意と貧乏のなかで27歳の短い人生を終えてしまいました。

アーベルの９年後に生まれたガロア（1811－1832）は、数学的エネルギーに満ち満ち、情熱にあふれ、彗星のようにパリの空に輝きました。彼は、どんな方程式にも「置換群」と呼ばれるものが対応し、その置換群の性質を調べることによって、解の公式が作れるかどうか解明できるという極めて広い理論の中で、５次以上の方程式の解の公式は作れないことを示しました。彼は21歳という若さで突然この世を去ってしまいました。なくなる前夜、友人に書き残した手紙に、彼の理論は夜を徹して書き記されました。いまでは、このガロア理論なしでは現代の数学を語ることは難しいほどになっています。

第20節　作図の問題解法に必要な４段階

【問題】 円Ｏの外の点Ｐから、この円に接線を引きなさい。

【解説】 これは、作図の問題です。作図の問題で、欠点のない完全な解法としては、解析→作図→証明→吟味の４つの段階を必要とします。これらの言葉の意味を上の【問題】の解法を通して説明しましょう。

【解析】 求める接線が引けたと仮定して、その接線のもつ性質を調べ、それから接線の実際の作図の方法を発見するのです。したがって、次のようになります。

点Pから円Oに求める接線が図1−20−1のように引けたとしその接点をAとします。

円の接線の定義から、

∠PAO＝90°

だから、接点Aは、POを直径とする円周上にあることがわかります。そこで、次の作図の方法が発見できます。

【作図】 これは、図を描く方法だけを理屈なしに説明したものです。したがって、次のようになります。①線分POを直径とする円をかき、円Oとの交点をA、A′とします。

②PとA、PとA′を結ぶ。

この直線PA、PA′が求める円の接線になります。これが図1−20−2です。

【証明】 これは描いた図形が確かに与えられた条件にあてはまるものであることを説明したものです。したがって、次のようになります。

図1−20−2で、OとA、OとA′を結びます。点A、A′はPOを直径とする円周上の点であるから

∠PAO＝∠PA′O＝90°

∴ OA⊥PA、OA′⊥PA′

だから、PA、PA′は、円Oの接線にな

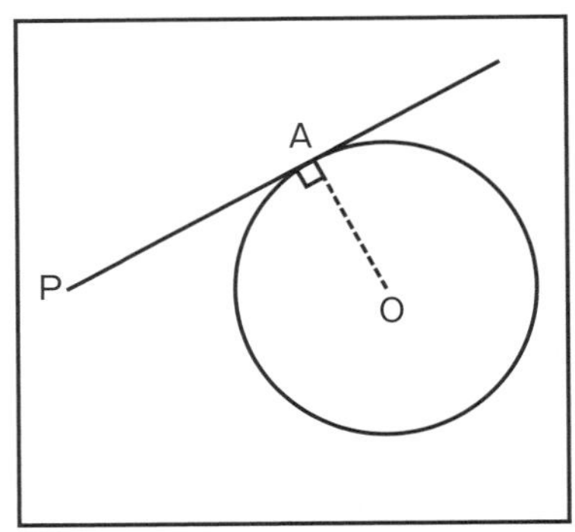

図1−20−1

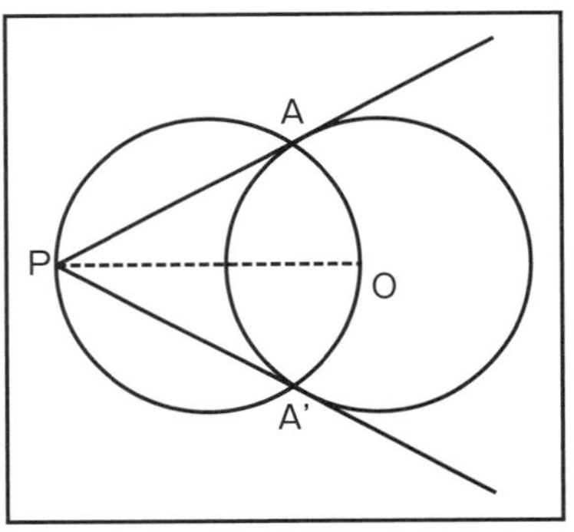

図1−20−2

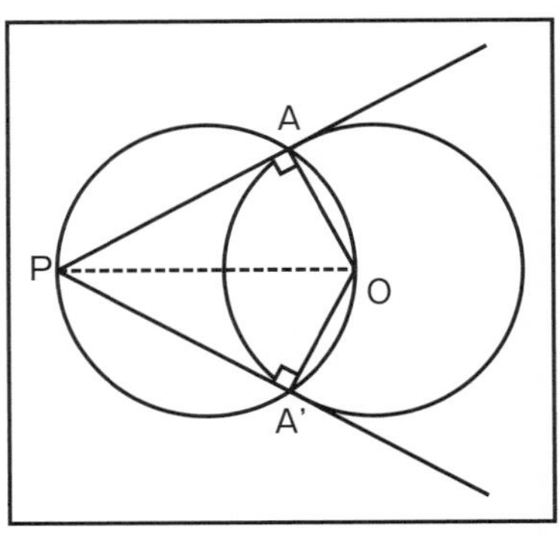

図1−20−3

ります。

【吟味】 これは、求める図形が２つあるとか１つあるとか、あるいは存在しないとかという付言のように述べたものです。したがって、次のようになります。

求める接線は、図１−20−３のようにPA、PA′の２つが作図できます。以上で、上の【問題】の完全な解答が得られました。

フランスの大思想家ルネ・デカルト（1596−1650）は、数学を哲学の面から見直した人でした。彼は若いころから数学に興味を持ち、数学の中から学問一般の研究方法を発見しました。

彼は学問と技術を区別して考えました。物をつくるとかピアノをひくといった技術は、人間の体の中のある素質が、訓練によって特殊化されたものであって、それぞれ全く別のものです。しかし、学問はすべての人間の知恵の働きであって、それが数や図形に向けられれば数学となり、政治に向けられれば政治学となります。だから、学問の研究には、知恵の働きが大切であって、結果だけにとらわれていても成果はあがりません。そこで、学問の研究には、個々の学問を別々に学ぶのではなく全部をひとまとめにして学び、その中から統一した形式を見つけ、それを逆に個々の学問にあてはめていく方がより効果的であると考えました。そして、学問の統一した形を見いだすものとして数学に目をつけました。その中でも、特に、前述した幾何学の【解析】という方法に注目しました。

解析→作図→証明→吟味の方法こそ、学問の発見的方法に通ずるものと考えました。

アインシュタインは少年時代、技師をしているおじさんに「代数とはどんな学問ですか」とたずねたら、おじさんは「ずるい算術だ」と答えました。

代数では、わからないものを文字で表し、それがあたかもわかっているように考え、方程式を作り、問題を解きますが、これが【解析】の考え方と全く同じ方法といえます。

デカルトが、解析→作図→証明→吟味の方法に注目して、学問の方法として考えついたものは次のようなものでした。

①私が明証的に正しいと認めたもの以外は、絶対に受け入れないこと。

②問題を解くのに必要と思われる、できるだけ多くの小さい部分に分けて考えること。

③最も単純で、わかりやすいものから少しずつ順序をふんで複雑なものに達するようにすること。

④すべてを尽くして、見落としがなかったかどうか調べること。

デカルトは、この学問の方法をもとにして数学の研究をさらに重ね、ついには「数と図形の統一」という数学史上で重要な位置を占める解析幾何学の発見を成し遂げました。

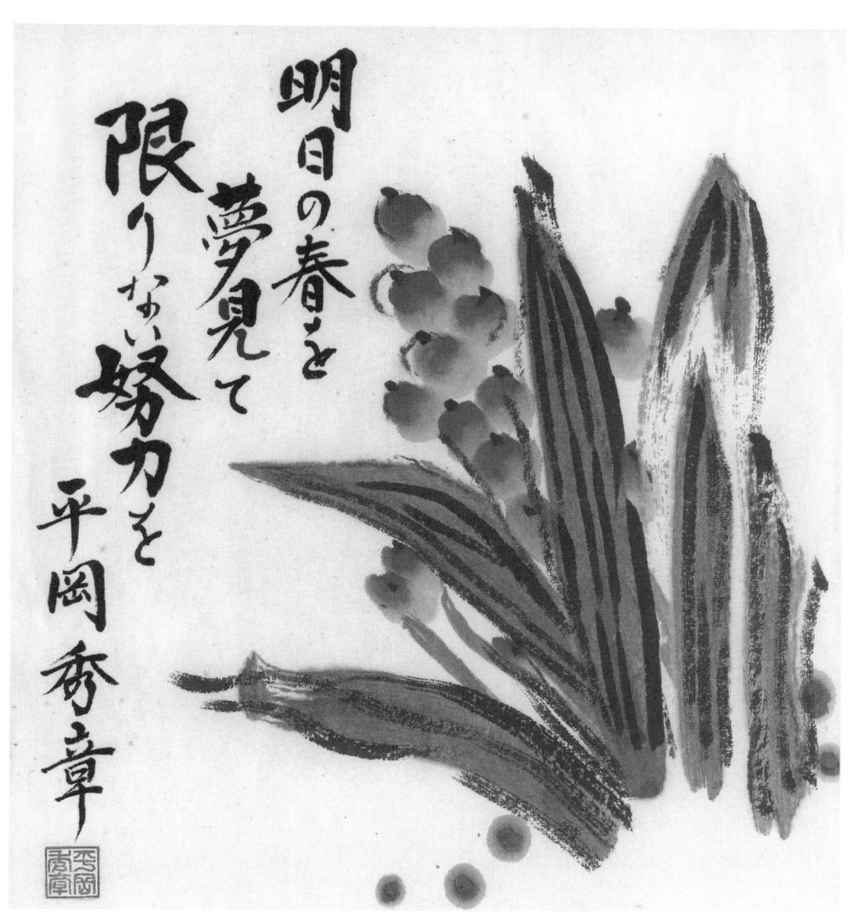

校長時代、卒業式の日卒業生一人ひとりに右上に○○○○様と氏名を書いて自筆の色紙を贈っていた（p.85）

第２章

いじめ・不登校等を防ぐ
「やすらぎを抱く教育環境」

要　約

現在も、学校ではいじめ・不登校が大きな問題になっています。これらをなくして、子どもたちが学校生活を楽しいものにしていくために、教師として、校長として、教育委員会教育長として、大学教授として、PTA 会長として、そして町内会会長として何が大切であるか研究をしていくことが今後ますます重要となりました。

「まえがき」にも述べましたように、平成 25 年6月に「いじめ防止対策推進法」が成立し、同年 9 月から施行されました。いじめ防止対策推進法の成立は、「いじめ防止に社会総がかりで取り組む決意を示す」となっています。不登校についても社会総がかりで取り組むことが必要です。それを具体化したもので、令和 4 年 12 月に文部科学省では「いじめの防止等の対策のための組織の設置」のメンバーの具体例を表示しました。「学校いじめ対策組織」が、いじめの未然防止、早期発見、事実確認、事案への対処等を的確に進めるためには、管理職のリーダーシップの下、生徒指導主事などを中心として協働的な指導・相談体制を構築することが不可欠です。その組織の構成メンバーとして、校長、副校長や教頭、主幹教諭、生徒指導主事、教務主任、学年主任、養護教諭、教育相談コーディネーター、特別支援教育コーディネーターなどから、学校の規模や実態に応じて決定することになっています。さらに、心理や福祉の専門家である SC や SSW、弁護士、医師、警察官経験者などの外部専門家を加えることで、多角的な視点からの状況の評価や幅広い対応を可能にしています。

現在の文部科学省の調査から、今後、ますますいじめ・不登校は増大することが予想されます。これらを防ぐには、早期発見・早期対応が必要であります。特に、いじめは命に関わる重大な事柄ですから一刻の猶予もありません。

それには、「学校いじめ対策組織」が機能を十分に発揮するとともに、児童生徒学生、学校・大学、保護者・地域住民一体となり総力を挙げて対応していくことが今後ますます重要になると思います。それに力を発揮されるのが、上記の「学校いじめ対策組織」メンバーであり、そして、教育委員会教育長、指導主事、大学の先生、PTA 役員様、保護者様、町内会役員様、地域社会の皆様や、小学生・中学生・高校生・大学生の方々であります。その人たちには是非、読んで、生かしていただきたいと思い記述したものがこの本であります。

私は小学校６年生の時に、私の学級で激しいいじめがありました。学級担任はそれに対して何ら施策を講じることはしないで、かえって、いじめをしている子どもを可愛がるような始末でした。いじめは深刻になる一方でした。

私は、教員になってからは、このような苦い体験を生かし、学級担任として、校長として、大学教授として、いじめ問題を中心に不登校、学級崩壊等生徒指導上の問題を皆無にするとともにそれへの取組をいたしました。その根底には、正しい教育を基盤として、いじめ・不登校等を防ぐ「やすらぎを抱く教育環境」の創造と実践があります。

正しい教育にはやすらぎを抱く環境が大切です。やすらぎを抱く環境には、教師と子どもとの間に「愛と承認に基づいた信頼関係」を築くことが大切です。そのためには、学校内や学校外での教育の原点でもある子どもとの「愛と承認に基づいた信頼関係」を築く「ふれあい」と、そして、保護者・地域住民の人々との「愛と承認に基づいた信頼関係」を築く「ふれあい」に努めることが必要であると考え、それに毎日、早朝から夜遅くまで全力投球してまいりました。

これらの実践を通して、校長としてどの学校でも、どの地域でも、いじめや不登校等を皆無にするとととともに、学校が子どもにとって楽しいものにしました。この体験に基づいてここに論述いたしました。それが、第２章「いじめ・不登校等を防ぐ「やすらぎを抱く教育環境」の第１節「環境は人を創り、人は環境を創る」と、第２節「やすらぎを抱く教育環境の創造と実践～いじめ・不登校を生まない土壌づくりの実践を通して～」です。そして、いじめ・不登校が実際に起きた時に、初期対応からどのようにしたらよいか「学校いじめ対策組織」を中心として記述したものが、第３節「大学での『いじめ・不登校への対応』の授業の創造」です。

それには、「学校いじめ対策組織」のメンバーを始め、上記に記述しました方々には、参考にしていただきまして、それぞれの学校や家庭や地域社会が「いじめ・不登校とは縁のない場所」となりますよう、御尽力を賜りますよう、よろしくお願い申し上げます。

なお、都合により、あえて曖昧な表現をしているところがあります。お許し願いたいと存じます。

第１節　環境は人を創り、人は環境を創る

1. やすらぎ抱かせる食事環境を

Ｓ学校（以下本校。岡山県里庄町）の卒業生で現代物理学の父と言われている仁科芳雄博士の言葉に「環境は人を創り、人は環境を創る」があります。里庄町はこの言葉を地で行っているような所です。教育最優先の町行政のもとに教育施設の環境整備が急速な勢いで進められています。本校もその１つです。子どもたちに「よい食事環境を」という思いから、天井はステンドグラス、シャンデリアを備えた冷暖房付きの立派な食堂と、その窓辺には四季折々の自然の変化を映しだし、子どもたちの心を和ませる庭園がつくられています。

子どもたちは、この食堂で、学年の異なる６人で構成された「家族」で、調理員の方の心のこもった手作りの料理を和やかに、おいしくいただきながら、楽しい昼のひとときを過ごしています。

学校給食は、昭和 29 年に制定された学校給食法に基づき、「子どもの心身の健全な発達に資し、かつ、国民の食生活の改善に寄与する」ことを目的として、実施されています。しかし、時代の変化にともない子どもを取り巻く食生活上の変容等から、学校給食のもつ役割は次第に変わってきています。

最近の学校給食は、バランスのとれた栄養豊かな食事を心身の成長・発達期にある子どもに提供することにより、健康の増進、体位の向上を図るという食事本来の意義のみならず、望ましい食習慣の形成や教師と子どもあるいは子ども相互間の良好な人間関係を養う場でもあります。また、食事の準備から後片付けまで子どもが自分の手で仕事を進める活動でもあり、勤労に関する貴重な体験の場になっています。このような作業を通して、奉仕や協力、協調の精神、社会性を養うことができる場でもあります。このように、学校給食は、学校生活に欠くことのできない教育活動の重要な一翼を担うものとなっています。

今後は、学校における給食指導が家庭での望ましい食事環境となるための「学校と家庭とのかけ橋」になることが必要です。

今、子どもを取り巻く家族だんらんの食生活の減少による子どもの心の問題があ

ります。

ドイツの教育者ボルノウは子どもの健全な発達にとって、子どもにやすらぎを抱かせる環境の大切さを強調し、「このような環境の中でのみ、子どもは正しい発達を遂げることができる」と述べています。家族の触れ合う機会の多少は、子どもの精神的な安定、行動にも関係しています。

学校給食をきっかけに、家庭料理に舌鼓を打ちながら一家だんらんという機会が増え、子どもにやすらぎを抱かせる家庭の食事環境がさらに向上するよう、願っています。

2. 心のこもった誠実な言葉の言語環境を

私の家の小さな庭に２本の蜜柑（みかん）の木があります。娘が小さいころに種を植えたのが大きくなったものです。蜜柑の木は専らあげは蝶（ちょう）の幼虫のえさで、毎年この時期になると、またたくまに葉がなくなり、枝と幹のみになります。幼虫のあどけない顔を見るのも楽しみですが、窓を開けると、羽化した蝶がまるでお礼でも言っているかのように、２度、３度と周りを舞い、隣家の屋根の向こうに勢いよく消えていく姿を見るのもまた格別の楽しみです。

もし、蝶の言葉が分かるならば、何を言っているだろうか、ふとそんな思いにかられます。あの舞の表情から心を込めた、誠実な美しい言葉でのお礼ではなかろうか、と。

しかし、言葉はそれを取り巻く言語環境に影響を受けやすいから、幼虫のころ、私たち家族の会話を聞いていたとしたらどうであろうか、と想像で心が弾みます。

言葉が乱れていると言われて久しくなりますが、昨年の総理府の世論調査によると、言葉遣いを中心に「今の国語が乱れている」と思う人は75％にも達しています。乱れているものとしては、話し方、敬語のつかい方など話し言葉を挙げる人が大半となっています。そして、国語の将来を考えて、国や社会に望むこととして、多くの人が「学校での国語教育の充実」や「家庭・地域での言葉の教育の充実」に期待をかけていることが分かります。

現在、学校での言葉に関する指導は、今回の新しい学習内容の改訂によって、言語環境の一層の充実を図ることが小・中・高等学校ともに改めて強調されています。言語の学習は国語の授業が中心となっていますが、単に国語の授業だけでなく、「学校生活全体を通して、言語に対する意識や関心を高め、言語環境を整え、児童（生徒）の言語活動が適正に行われるように努めること」となっています。

学校生活全体で取り組む言語環境の整備として、例えば、教師は正しい言語で話し、黒板などに正確で丁寧な文字を書くこと、校内放送において、適切な言葉を使って簡潔に分かりやすく話すこと、等に留意しながら、教師自身も良い言語環境となるよう努めています。

入学当初の子ども同士の会話で気になる言葉の１つに、「おれ」「おまえ」「ばかをいえ」などがあります。これは大好きな身近な人が使っている言葉をまねして、自然に身についたものと思います。子どもは模倣の王様と言われるようによくまねをします。しかも自分の尊敬している人のまねをしたがるものです。そのうちに言葉も態度も考え方まで自分のものになってしまいます。言葉は単なる音声だけでなく、人間の在り方・生き方の問題とかかわっています。

岡本夏木氏は「人間が成長して大人になった時、どれだけ心のこもった言葉を誠実に使う人間になるかは、その子ども時代に、身近な人たちからどれだけ心のこもった言葉をかけられて育ったかによって左右されてくる」と述べておられます。

今、本校では「PTA 学校週５日制推進委員会・環境教育推進委員会」の中で、言語環境も１つの柱として考えていくことにしています。子どもにとって良い言語環境を目指して、身近な学校・家庭・地域社会から「言葉に関する関心の輪」を、広げていきたいと思っています。教育者ルソーの言葉をかみしめながら。

「子どもの前ではいつも正確に話すがよい。子どもが誰と一緒にいるよりも、あなたと一緒にいる方が楽しいというようにしてやりなさい。そうすれば、あなたが間違いを直してやらなくても子どもの言葉はあなたの言葉を手本にして、知らず知らずのうちに正しくなってゆくのは疑いないと」。

3. 感動を体験させる読書環境を

「安寿恋しや、ほうやれほ。厨子王恋しや、ほうやれほ。」

これは森鷗外作『山椒太夫』の終わりの一部です。人買いのために母親と離ればなれになった厨子王は、大人になってからも母親を捜し歩きます。幾多の艱難（かんなん）辛苦の末、母親との感動的な再会を果たしたきっかけが冒頭の「母親の歌のような調子のつぶやき」でした。

私の母は、農作業の合間をぬってはいかにも楽しそうに読書していました。私は子どものころ、母親から『イソップ寓話』『ロビンソン・クルーソー』などの話をよく聞かせてもらいました。なかでも、『山椒太夫』は母の話の口調が今でも脳裏に焼き付いて離れません。幼少の時、父親を亡くした私は母の愛情がその語り口にこもっていたものと思っています。

『山椒太夫』の話を聞いてから、私は毎朝その日の母の無事を祈るとともに、いつの日か自分の手で原作を読みたいという思いにかられました。

子どものときの読書体験ほど心を熱くしてくれるものはありません。1冊の本との出合いで、物語の主人公とともにさまざまな事柄を生き生きと想像できるからです。長い間、読み継がれてきた作品は、時代がどんなに変化しても読者の心を深い感動の世界に導いてくれます。

現在、豊かな生活に恵まれながら感動する心を失っていく子どもが増えていると言われています。椋鳩十さんは人間の心の中に眠っている力を奮い起こし、人間の才能を押さえつけている劣等感を取り除いていく力を持っているのは「感動」であると言っています。そして、「優れた本は、滑らかな清水のように、子どもたちの心にしみこみ、そういう地下水（感動）を子どもの心につくる可能性をもっている」と良書による感動の大切さを指摘しています。

子どもの読書離れが指摘されはじめて、30年近くになります。全国学校図書館協議会などが毎年「読書調査」をしていますが、平成４年のものによると、「1カ月間で１冊も本を読まなかった」児童生徒は、小学生で11％、中学生45％、高等学校で59％に達しています。しかも多読者と不読者の差はますます広がり、読んだ本の内容も軽読書化が進み、量のみか質さえも低下の傾向を示しています。

児童生徒の知的な活動を増進し、人間形成や情操を養ううえで大切な読書のこうした事態に対応して、学校での読書に関する指導は、今回の新しい学習内容の改訂により国語科での「読書に関する指導」の充実とともに、学校全体で取り組むものとして、児童生徒の自己教育力を高める等の観点から、新たに「図書館の利用」が小・中・高等学校ともに加えられました。さらに、先般文部省は、児童生徒が読みたい図書等を図書館に整備することが何よりも必要であると「学校図書館図書整備新５カ年計画」を策定し、義務教育諸学校で平成５年から５年間で学校の図書館の蔵書数を現状の1.5倍程度増やす計画をしました。これらにより、全教師が児童生徒の読書意欲の向上等のために一層の取り組みの工夫をすることになりました。

平成５年６月、里庄町に立派な町立図書館がオープンしました。これにより大人や子どもたちの読書熱も拍車をかけたように高まってきています。本来、子どもは読書が好きです。大人がその手本を示したり、読んでやればその時期が来れば必ず読むようになります。

ひまを見つけては子どもの本を読んでみてください。子どもの本の中には、親自身の心の糧になるようなものがいっぱいあります。読んで感動を覚えれば、子どもに勧めたり、読んで聞かせたくなります。

今、子どもの読書環境で大人に求められていることは、子どもの時に味わった感動を親子読書などで子どもに体験させるとともに、自らの読書の姿を通してその喜びを示すことではないでしょうか。

4. 愛と信頼と希望に満ちた家庭環境を

子を抱いていると
ゆく末のことが案じられる
よい人にめぐりあってくれと
おのずから涙がにじんでくる

この詩は、坂村真民さんの「めぐりあい」の一節です。坂村さんは終戦直後、朝鮮半島から帰国される時、生まれたばかりの娘さんを連れて夫婦別々の船に乗らなければならなくなったのです。そのころのことですから、乗った船が日本まで共に無事に帰れるとはかぎりません。生まれて間もない娘さんとの別れを惜しんで、「わが子よ、たとえ私の身にどんなことが起ころうとも、どうか健やかに成長し、よい人にめぐりあってほしい」という、親の切なる願いを込めて作られた詩です。

これは親と子が特別な状態に置かれたときのことですが、どんなときでも、親が子を思う心はだれしもこのようなものではないでしょうか。少なくとも子どもの小さい時はこのようであったはずです。しかし、子どもが大きくなるにしたがい、親が子どもへの愛情の表現を誤ったり、その子の個性や発達段階を十分に理解していなかったりして、つい目先にとらわれて、親の期待に反した行動をとると、感情的にしかりがちになります。子どもの欠点を探して注意ばかりしていると、それがいつしか劣等感となり、子どもの伸びようとする才能や個性の芽を摘むことになりかねません。子どもの欠点の原因が子ども自身にあるのではなく、むしろ親の態度や姿勢に起因する場合が多いと教育実践家ザルツマンは指摘し、それには次のような３点に配慮しなければならないと、子どもに代わって「愛と嘆願の書」として訴えています。

第１には、子どもに善行を求めるならば親自身の行為が良い手本となるよう、正さなければならない。

第２には、親は子どもが悪い習慣に染まったり悪行に走ったりしないように教育的な環境を整えてやる責任を自覚しなければならない。

第３には、子どもにしつけや教育を施す場合、親は親自身のみの都合によって子どもに対処するような一時しのぎの態度で子どもに接するべきではなく、首尾一貫した態度をとるべきである。

先般、総理府がまとめた「青少年と家庭に関する世論調査」によると、子どもの生活習慣等について、「家庭の教育する力が低下している」と考えている人が75％に達し、５年前の同じ調査と比べて12ポイント増加しています。教育力の低下したと思う理由の多くは、「過保護や甘やかし過ぎの親の増加」「しつけや教育に無関心な親の増加」などで、親の側に原因があると考えている人が多いことを指摘しています。

古今東西を問わず、子どもの教育についていちばん大切なことは、子どもが子どもなりに理解され愛されているという実感をもたせることです。つまり、子どもを信じるということです。信じることは、愛することのもっと深いものであるからです。小児科医師小林登氏の言葉を借りれば、「21 世紀は、個性の大切な時代だといわれています。目の前のできごとで、子どもの将来を評価してはなりません。大人になれば、必ず立派な人になることを信じて、優しく育てましょう。『子どもは未来である』ことを、忘れないでいただきたい」ということではないでしょうか。

今、子どもの才能や個性を伸ばすための家庭環境として、親に求められることは、子どもを信じて、子どもの長所や成長を見つけ、そのことに親自身が心の底からの感動を態度で表現し、ほめたり、励ましたりして、子どもに自信と希望をもたせることではないでしょうか。もちろん、ほめる種をまくことも常に忘れずに。

子どもは本来、優しく育てれば健やかな成長を遂げるものです。万葉歌人、山上憶良が、子どもを何ものにも優る宝と詠んだ歌を改めてかみ締め、子どもの教育のあるべき姿をもう一度考えてみようではありませんか。

銀も金も玉も何せむに勝れる宝子に及かめやも（『万葉集』）

5. 個性を認め、育てる地域環境を

「校長先生、遊びましょう」とはずんだ声で、子どもたちは昼休みなどの業間によく校長室まで迎えにきてくれます。私が毎日、最も楽しみにしているものに、子どもとの業間での遊びと、もう１つ、始業前の朝の校外での触れ合いがあります。

通学路の中で交通量の多い横断歩道に出向き、自分や自分たちの登校班の安全を守るために判断し行動している子どもの姿を見守りながら言葉を交わしています。この時は、子どもと一緒に遊ぶ時と同じように、子ども一人ひとりの成長や発達の姿を通して、その子の持ち味に接するよい場となっています。

朝の子どもとの触れ合いは、また地域の方々の温かさを感じる時でもあります。86 歳のＴさんもその１人です。Ｔさんは校長経験をおもちの方で、私が本校に赴

任した一昨年の１年間、子どもたちと元気のよい挨拶を交わすことを楽しみに一緒に立ってくださいました。自分の身体が意のままにならなくなっても、奥さんに送り迎えをしてもらいながら、子どもが日々健やかに成長する姿を見ることを楽しみに激励してくださいました。そして、いつも次に一緒に立つ日を約束してその日を楽しみにして帰られていました。

この外にも、形こそ千差万別ですが、子どもへの温かい支援を惜しまない地域の方々の姿があります。

耳を澄ませると、価値観の多様な、変化の激しい21世紀の足音がもうそこまで近づいています。現在、新世紀を担う子どもたちに求められていることは、自ら考え、適切に判断し行動できる力を身に着け、心豊かにたくましく生きていくことができる人間です。このためには、学校、家庭、地域社会が連携してそれぞれの教育機能を発揮することが肝要です。特に、地域社会においては、家庭とともに、遊び、自然体験、社会体験、生活体験などの直接体験の場として、子ども自らが個性を見つけたり、発揮したりするよう、援助することが大切です。

本校は、家庭、地域と手を携え、児童の心と体の健康教育に熱心に取り組んでいる学校を励ます平成５年度「全日本健康推進学校」の全国優秀校の栄に浴しました。これはひとえに県教育委員会の御指導、里庄町行政の方々の御尽力、地域の方々の御支援、そして先輩教職員の御努力の賜（たまもの）です。

この受賞は子どもにとっても職員にとっても大きな励みとなりました。本校には食堂棟をはじめ全国に誇れる立派な施設が整備されています。この恵まれた学校施設や温かい地域環境を生かして「みんなで創ろう、豊かな心とたくましい体を」を合言葉に、心豊かでたくましい児童の育成を目指して、家庭や地域と連携して職員一同一丸となって子どもとともに頑張っているからです。

私たちは、この受賞を契機に、本校の教育の新たな出発点として、なお一層工夫し、努力することを心に期しているところです。

先日、Ｔさんが入院されている病院に受賞の報告をかねて、お見舞いに行きました。お元気であればどんなに喜んでくださることかと思えば少し寂しい気持ちもしましたが、Ｔさんの澄んだ目は私に「ゲーテの言葉」を思い起こさせてくれました。

何が子どもにとって最高のものであるか。ゲーテは答えている。

地上の子どもにとって最高の幸福は、個性を認められることにつきる、と。

今、求められている地域環境も、まさにこの言葉に表れているのではないでしょうか。

6. 希望を抱き、誠実を胸に刻む学校環境を

「1月19日。今日で学校を休んで3日目になる。Aさんから、私のために多くの人がノートをとってくれていることを聞く。先生は今日も心配して家庭訪問をしてくださった。私はうれしくて涙がでそうだ。私は本当に幸せ者だ。学校に行ったら大きな声で『先生、みんな、ありがとう』と言いたい。ああ、早く学校に行きたい、早く先生やみんなと学校で会いたい。私には大きな夢がある。自分を信じて、みんなと一緒にがんばりたい」

年末に本棚を整理するといつも読み返したくなるものが何冊かあります。このノートもその1つです。20年ほど前、ある中学校に勤務していたとき、1年生が書いた日記「ふれあい」で、今後の参考にと1冊もらったものです。生徒とのふれあいノートは授業などでは気づかなかった生徒一人ひとりの気持ちやよさなどを知ることができました。と同時に生徒から多くのことを学びました。今でも私の宝としています。

これからの学校教育では、子どもたちが生涯にわたって自分の考えをもち、よさや可能性などを発揮しながら心豊かにたくましく生きることができるようにすることが重要な課題となっています。

現在、各学校ではあらゆる学習活動等の場で、この課題を目指して努力しています。

たとえば、授業では、各教科の特性を生かしながら、子どもの疑問を引き出して、それをみんなで追求し、解決していく過程の中で、子ども一人ひとりのよさや可能性を発揮させています。

また、行事も精選し、一つひとつの行事の過程で授業と同じように、子どもの活

動の場を十分取り入れています。本校の例をとれば、この時期に実施する学芸会は隔年としています。昨年の学芸会では、子どもたちは「芸術を味わい、芸術を表現する」という高い目標に向かって、その役になりきるために、子どもと教師が力を出しあって、１つの劇をじっくりとつくり上げていきました。

このような体験を、その外の学校生活や家庭や地域社会の中で生かし新たな体験を重ねて、子どもは自分自身のことが分かり、よさに気づき、自分の考えや夢や希望などをもち、よりよく生きようとする意欲や態度が育つようになるのです。

子どもの意欲や態度を持続し発展させるためにも、環境の異なる親と教師がともに手を取り合って、その子のよさや可能性を具体的に伝え合うことが大切です。

それにより、子どもは自分がかけがえのない存在であることに気づき、希望をもって自分を発揮しながら心豊かにたくましく生きていくことができるのではないかと思います。

フランスの詩人ルイ・アラゴンの詩に「教えるとは希望を永遠に語ること、学ぶとは誠実を胸に刻むこと」という一節があります。私たちのいま求める学校環境は、愛と信頼の絆の上にこの言葉の持つ意味の実践にあるのではないでしょうか。

7. 美を求め、感動する心を磨く美的環境を

「蛍の光　窓の雪」この歌詞を耳にするだけで、卒業式を思い出し、感慨にふける方も多いのではないでしょうか。小・中学校の卒業式の季節がやってまいりました。この期になると、各学校では、卒業式の意義を児童生徒の発達段階に応じて理解させ、卒業を迎える児童生徒も在校生もともに、これまでの学校生活を振り返り、お世話になった人々や物に対する感謝の念を深めるなどして、心に残る卒業式となるよう雰囲気を高めているところです。

卒業式などの儀式的行事は「児童生徒の学校生活に１つの転機を与え、児童生徒が相互に祝い合い励まし合って喜びをともにし、決意も新たに新しい生活への希望や意欲をもたせるような動機付けを行い、学校、社会、国家など集団への所属感を深めるとともに、厳かな機会を通して集団の場における規律的、かつ気品のある態

度を育てる」ことをねらいとしています。

卒業証書を受け取るときなどの卒業生一人ひとりの真剣な態度は、在校生をはじめ出席者全員の温かい心の光に大きく照らされ、美しく輝いているように見えます。

人間は、美しいということを、真実であることと善良であることと並んで、古今東西を問わず価値あるものとして好み、尊敬し、愛するものといわれています。

ゲーテは「美は、知に走る心に生命と温かさを与えてくれる」といっているように、美を求め、美に感動する心は人間として追究している知識に潤いを与えてくれます。

元国立国会図書館副館長であった中井正一氏は美が自然の中で、技術の中で、また芸術の中で現れてくる姿について考察し、「これらは1つであると言える。美というものは、いろいろの世界で、ほんとうの自分、あるべき自分、深い世界にかくれている自分に、めぐりあうということである」と述べておられます。その例として、山など自然の美について「私たちが日常のことで思い悩んでいたとき、ふと、自然を見ることで、解放されたような心持ちになることがある。こんな心持ちの時、それを美の意識というのである。自然を見ることにより、自分のほんとうのあるべき姿にめぐりあったのである」と指摘。

また建築、スポーツなど人間の技術が創りあげたものに美を感じることについて、水泳のときのクロールの型を習得する技術の中に見る美を例にして「クロールの練習をするために、写真でフォームを何百枚見てもわからないものが、長い練習のうちに、ある日、何か、水に身を任せたような楽な心持ちで、泳いでいることに気づく。その調子で泳いでいくと、だんだん快い気持ちが湧いてきた時、フォームがわかったのである。それが美感にほかならない。身体が1つのあるべき法則（フォーム）を探り当てたのである。自分のあるべきほんとうの姿にめぐりあったのである。このめぐりあったただ1つの証拠は、それが楽しいことである。しかもそれが泳いで速いことにもなる。また他人が見ても、そのフォームは美しいのである。これは人間と水との間に、人間の創り出した新たな法則である。人間は、この宇宙に、法則があることに気づき、絶えずそれを探し求めているのである」とも述べています。

このように、美は広く深く、私たちのあらゆる生活の中に存在することがわかります。フランスの彫刻家ロダンは「美はあらゆる所にある。われわれの眼がそれを認め得ないだけだ」と言っています。自然を大切にし、人を大切にしていくためには生活の中にも美を発見する目をもつことが大事であることを語ってくれています。

新しい学校教育では、「よさ」が強調されています。それは、子ども一人ひとりのもつよさを発揮させることであり、また、学習内容そのもののもつよさを味わわせることでもあります。これは言葉をかえれば美の追求そのものです。私の専門の数学も美を追求する学問ともいえます。美を意識して生徒に指導することにより、学習のねらいがはっきりと見え、数学の美しさに感動する心が生まれてきます。

心豊かな子どもを育成するためにも、大人が子どもとともに美を求め、美に感動する心を磨く環境が求められているのではないでしょうか。

今、野山の草木は明日の春を夢見て、夏の酷暑や冬の厳寒に耐え、努力した喜びをおう歌し、あたかも卒業する児童生徒を祝福しているように感じられます。自らの姿を通して、語りかけているように思われます。

明日の春を夢見て限りない努力を

8. 子どもの個性開発としての統計的環境を

「校長先生、遊びましょう」と弾んだ声で子どもたちはよく校長室を訪れてくれます。

私の楽しみの１つに学校内外での子どもとのふれあいがあります。この時は子どもの成長していく過程と、底知れぬ人間的な魅力や個性との出会いの場でもあります。とりわけ、子どもの安全を守りたいという思いから、始業前の早朝や勤務後に地域に出掛けてのふれあいは、子どもや地域の方とのさわやかな会話の中に地域の方々の期待と声援が伝わり、その温かさに感謝するとともに、感激するひとときになっています。

子どもとの会話の中に、はっとさせられることがたびたびあります。例えば朝よく晴れているのに傘を持って登校している子どもが数人いました。その理由を尋ねると、「今日は岡山県南部地方の午後からの雨の降る確率が30パーセントであったので傘を持ってきています」と子どもたちが口を揃えて説明してくれました。子どもにとって下校時に雨が降る降らないは大きな問題です。朝、家を出るときに、今日の天気予報の情報をテレビで入手し、その確率の数値等から傘を持っていくべきかどうか経験を通して子ども自身で判断しているのです。

21世紀の足音がすぐそこまでやってきました。21世紀は高度情報通信化社会、国際化社会、高齢化社会等いろいろ論ぜられていますが、複雑多岐な時代であることも確かであります。このような社会の中で主役となる現代の子どもたちに求められることは、自ら考え、正しく判断し、その判断に基づいて行動し、その行動には責任を持ち、心豊かにたくましく「生きる力」を身につけることであります。とりわけ、人間尊重の精神を基礎として、正しく価値判断し、行動決定するための方法としての「統計的な考え方」を身につけることが重要になってくると思います。

子どもとの会話の一例を前述しましたが、子どもたちは既に情報化社会という環境の中に生き、生活していく知恵として、問題解決に当たって情報を収集し、それを整理し、それを自分の体験等を照らしながら読み取り、活用しているのです。これはまさに統計的な考え方そのものであります。つまり、統計的な考え方とは問題解決に当たって確かな結論を得るために事象の観察を通して事象を客観的に把握し、いろいろな統計的手法を駆使して的確な判断ができるよう論理的に思考することであるとも言えます。その際、必要によってはコンピュータなど機器を使用することもあります。確かな結論を得るための方法の1つに統計的な考え方があり、その根底に統計学の知識が必要になってまいります。

私の専門は数学ですが、統計学に興味を持ったのは、昭和35年の大学3年生の時です。その当時九州大学教授の北川敏男先生の「推測統計学」の集中講義を受けてからでした。大学を卒業してからは、初めは教育研究の必要性から統計学の専門書を求めていましたが、寺田一彦著『推測統計法』との出会いから、統計学そのものに魅力をもつようになりました。教育研究でも欠かせないχ^2検定、t検定なども数式にいたるまでの過程を丁寧に解りやすく書いてあり、まるで推理小説を読んでいるかのように楽しい気分にさせられました。この本を読んでからは統計学の専門書をR. A. フィッシャー著『研究者のための統計的方法』、三上操著『統計的推測』、佐藤信著『推計学のすすめ』、森口繁一編『品質管理講座統計的方法』、E. L. レーマン原著『ノンパラメトリック』、鈴木義一郎著『例解統計入門』、池田央等訳『アプトン調査分類データ解析法』等々手当たり次第に求め、気がつくと、昭和60年頃には、岡山市内のどの書店よりも統計学に関する専門書だけは私の書斎の方が多くなっていました。この本の中で寺田氏は「統計の結果はその数字にあるのではなく、これを利用して正しい解釈がつけられる１つの道しるべとなるものであるという点を、統計を使うものが常に心にとどめておくべきである」と述べておられます。統計学はその当時に比べると現在では著しい進展を遂げていますが、この考えは今も変わりはないと思います。数字というものは考えや言葉をより正確に、より普遍的にするために作りだされたものです。数字の持つ意味を十分理解していないと、時として私たちの目をまったく違った解釈にあやまらせることがあります。しかし、確かに統計は万能ではありませんが、今まで見えなかったものを確かなものにする力を持っていることも事実です。問題解決に当たって統計を使わないで確かな結論を得ることが不可能であることも多々あります。

そもそも統計というものは、社会の機構が複雑になるにつれて、為政者が国全体の状態を正確に把握することの必要性から生まれたものと言われています。統計という語源は、中世ラテン語のstatusであると考えられていますが、18世紀の頃、statisticsという言葉が使われ、国や政治の重要なことがらを文章で表現することに用いられました。19世紀になってから国の政治活動が盛んになり、statisticsという言葉が、国の状態を数量的に記述することの意味に使われるようになりました。それが自然現象や社会現象にまで広げられ、今日の統計になったと言われています。

ここでの古典的な統計は、いずれも大量に事実を観察し、大量の数字を集めて、その数字を整理して、そこから結論を導いているところに特長があり、いわゆる記述統計学と呼ばれるものです。これに対して、標本それ自身が問題なのではなく、その背後にある母集団が問題であり、標本はその母集団の性質を推測する材料に使われるもので、これを記述統計学と区別する意味で推測統計学と言われているものです。推測統計学の発端は、W. S. ゴセットが導入したｔ分布を、R. A. フィッシャーが農事試験まで発展させたものです。今日では化学、物理学、生物学、心理学、教育学、経済学、法律学、政治学、言語学、医学等の分野をはじめ、品質管理はもちろんのことスポーツの世界に至るまで幅広く活用されています。

その活用の仕方には千差万別でありますが、実際に推測統計学の方法を使って、計画を立てて、それを実施し、そして解析することや、データから導かれた結論をもとに正しく理解し、今後の行動を決定することなどがあります。いずれにしろ、事象を多次元的にとらえ、その事象の陰にかくれた因子や情報を発見し、それをもとに正しく価値判断し、行動決定をすることができることが重要になります。この手法が別な言い方をすると「多変量統計解析法」と言われているものです。

柳井晴夫、岩坪秀一氏は『複雑さに挑む科学』の中で「多変量解析は、複雑な人間行動を科学するための可能性に満ちた手法で、現代社会にみられるように人間自身がもたらした幾多の社会的不合理にメスをいれるための有力な科学的武器になることは間違いないし、将来もまた有効であり続けるであろう」と述べておられます。

今後、社会がますます変化し人間の行動も複雑になるにつれ、統計学は社会の要請から今までと同様に著しい進展を遂げることと思います。子どもの個性も時代と共に多様化し、それを発見し、伸張させることが重要になります。

これからの統計及び統計教育は子どもの個性の発見と伸張のための判断材料として心理学という学問の世界だけにならないで、身近なものとして情報を提供するとともに、大人の感性と確かな眼をもつための一助になることが求められます。

時代を超えて大切なことは、子どもとのふれあいを通して子ども自身が個性を発見できるよう、支援するだけの大人の研ぎ澄まされた感性と確かな眼であります。それを子どもたちは求めています。大人にも求められています。

耳を澄ませると、「ゲーテの声」が聞こえてくるようです。

地上の子どもにとって最高の幸福は

個性を認められることにつきる

と。

9. 地域と保護者と学校がよい信頼関係で！

地元の方のお便りから

「私は、岡山市立Ｍ学校のすぐそばに住んでいる者ですが、最近、素晴らしい校長が来られている。秋の運動会について、周辺の全戸に、校長のあいさつ文が手配りされた。読んで感動した。ぜひ、一度、こんにちは新聞で取り上げてください。こんな校長がおられると、世の中は良くなります」――これは、岡山市北区西崎にお住まいの方から寄せられたお便りです。早速、本紙・編集局では、手配りされたという、あいさつ文に目を通し、そのあと、平岡弘正・校長先生に、直接、お目にかかり、教育についての考え方など、いろいろお話をうかがいました。

“子どもをよくする”ための努力を

「特別なことはしていないのですよ。学校は、学区の皆さんのご協力で成り立つものです。私たち職員一同は、地域の方と、保護者の方と、学校が、よい信頼関係で結ばれた学校を目指しておりますので（手紙の方のように評価していただいたことは）非常にありがたいことです。

学校教育というのは、難しいことを除いて、非常に大きく言えば、“子どもをよくする”ということが、学校に課せられたことだ、と思います。その時期、その時期で、子どもを少しでもよくするために、校長として何をしたらいいか。職員の皆さんは、それぞれの持ち場で頑張ってくれています。授業を中心とした学校でのふれあいについては、特にそうですね。そこで、私としては、学校外で子どもがどのように育っているか、少しでも、その状況を理解したい、と思って、朝、子どもたちが登校してくる時に、一緒に歩きながら、いろいろ話を聞いたりしています。Ｍ学校は、自由登校ですので、いろんなところから登校してきますから、私も、努めて、いろんな方向へ行くようにしています。

健康・安全への配慮は欠かせぬ

そうするのには、いくつかの理由があります。１つには、朝、子どもが新鮮な気

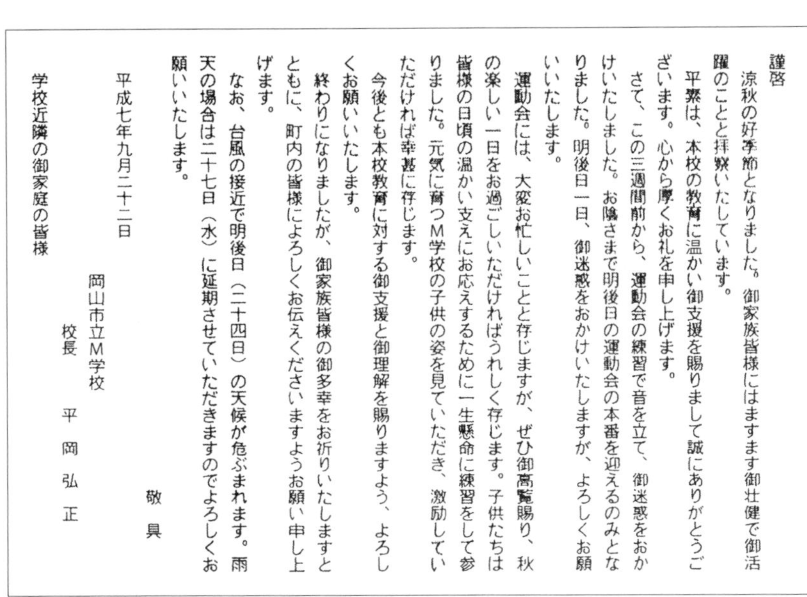

謹啓

涼秋の好季節となりました。御家族皆様にはますます御壮健で御活躍のことと拝察いたしています。

平素は、本校の教育に温かい御支援を賜りまして誠にありがとうございます。心から厚くお礼を申し上げます。

さて、この三週間前から、運動会の練習で音を立て、御迷惑をおかけいたしました。お隣さまで明後日の運動会の本番を迎えるのみとなりました。明後日一日、御迷惑をおかけいたしますが、よろしくお願いいたします。

運動会には、大変お忙しいことと存じますが、ぜひ御高覧賜り、秋の楽しい一日をお過ごしいただければうれしく存じます。子供たちは皆様の日頃の温かい支えにお応えするために一生懸命に練習をして参りました。元気に育つM学校の子供の姿を見ていただき、激励していただければ幸甚に存じます。

今後とも本校教育に対する御支援と御理解を賜りますよう、よろしくお願いいたします。

終わりになりましたが、御家族皆様の御多幸をお祈りいたしますとともに、町内の皆様によろしくお伝えくださいますようお願い申し上げます。

なお、台風の接近で明後日（二十四日）の天候が危ぶまれます。雨天の場合は二十七日（水）に延期させていただきますのでよろしくお願いいたします。

敬具

平成七年九月二十二日

岡山市立M学校
校長　平岡弘正

学校近隣の御家庭の皆様

平岡校長が学校近隣の御家庭へ配布した挨拶文

持ちでいる時に、少しでも笑顔で学校に来れるような状況を作りたい、ということ。それから、この学区は交通事情が厳しい（交通量が多い）ということもあります。健康で元気な状態で登校して来た子どもたちを、お家に、元気に帰っていただく、という、健康・安全への配慮は、学校には絶対に欠かせません。ですから、そういう通学路の点検、交通指導の意味もあります。

“子どもは私の先生だ”と…

もう１つは、地域の方々とのコミュニケーション（人間同士が、思想・感情などを伝え合う働き、その手段としては、ことば・身ぶり・文字・絵など、さまざまのものが使われる。伝達、通信とも）ですね。朝は皆さん、お忙しいので、あまり長くは話せません。『おはようございます』と挨拶をするくらいです。それでも、学校の名前を知っていただいて『ああ、あの人はＭ学校の校長だ』ということで、少しでも地域の方々とのつながりが出来るのではないか、と思います。

ありがたいことに、子どもたちについて、学校では、わからないことが見えることもあります。“子どもは私の先生だ”と常々思って接していますから、来る途中に子どもが話してくれる内容には、たくさん学ぶことがあります。子どもの話から、いろいろな取り組みへと発展してゆくこともあるのです。——」とのこと。

子どもたちに溶けこみ心をつかむ

Ｍ学校教諭のＳ先生は、校長先生について「子どもも校長先生が大好きなんですよ。校長先生が校内を巡視されている時、よく子どもたちとジャンケンをされます。校長室も開かれていて、子どもたちがよく来て、話をされています。子どもたちに溶け込み、心をつかむ姿勢には頭が下がります」と語り、感服されていました。取材が終わった時は、ちょうど授業の間の休み時間。偶然、通りかかった児童が「おはようございます」と校長先生に元気に声をかけると、平岡校長が「おはようございます」と、丁寧な口調で、返事をしておられた姿が印象的でした。

平岡弘正・校長は、中学校の数学の先生から、岡山県教育委員会を経て、平成３年４月にＳ学校の校長に。任期中、同学校が全日本健康推進学校の全国で中規模校の部で一位として「すこやか賞」を受賞。運動会等の地元への手紙もこの頃から。卒業生一人ひとりに、自筆の色紙を贈り、日刊紙で取り上げられたことがあります。この色紙は、平成６年４月、現在のＭ学校へ来てからも続けられています。

第２節　やすらぎを抱く教育環境の創造と実践
〜いじめ・不登校を生まない土壌づくりの実践を通して〜

はじめに

魔　法

平岡校長先生は魔法が使えます。

校長先生がふれたもの　話しかけた人　いつのまにか　変わってしまうのです。

子どもたちも　学校も　大人たちも　私たちが住んでいる町も。

ほら　変わっていっているのがみえるでしょう？

いじめっ子はやさしい子に　なまけものは働きものに

泣いている子は笑顔がもどり　くすんだ町が輝いてくる

悪をすべて消し去ってしまう　不思議な魔法の力を　校長先生は持っているのです。

でも　それを知っているのは　まだ私だけなのです。

この町がいいことでいっぱいになり　人々がそれに気づく頃

校長先生はそっとこの町を出ていくのです。

みんなの心に　美しい思い出を残して……

〜 PTA 役員・保護者 A さんから手紙〜

「校長先生、遊びましょう」と弾んだ声で子どもたちはよく校長室を訪れてくれました。私の楽しみの１つに学校内外での子どもとの「ふれあい」がありました。その時は、子どもの成長していく過程と、底知れぬ人間的な魅力や個性との出会いの場でもありました。とりわけ、子どもの生命安全を守りたいという思いから、始業前の早朝や勤務後に地域に出かけてのふれあいは、子どもや地域社会の方々とのさわやかな会話の中に、保護者・地域住民の方々の期待と声援が伝わり、その温かさに感謝するとともに、感激するひとときとなりました。

上記の手紙は早朝の地域でのふれあいの時に、PTA 役員である保護者 A さんから手渡されたものです。校内巡視（校内指導）の時に御子息の普段と異なる表情からいじめに発展する前に、早期対応・早期解決を図ったこと、を機会に町内の数名の方と待ってくださるようになりました。校長室にも数名の方と時々訪ねてきてくださるようになりました。

この学校では、赴任当初には、いじめ、20名を超える不登校、学級崩壊等の問題行動が長年山積していました。校長に赴任前の3月29日に、このことと、子どもたちが学校近隣等の家庭に様々な御迷惑をお掛けしていることなど様々な問題が学校に山積していることを関係者から耳にしました。この解決のために、私の長年の研究成果を生かすために、即、行動を持って実践しました。その当時も、現在もどの校長も実践されていない方法で実践しました。

校長の辞令をいただいた4月1日から行動を開始しました。4月1日から学校の勤務を終えてから放課後に10週間かけて学校近隣の家庭から600軒ほど学区の家庭等一軒一軒に「校長赴任の挨拶状」を持参し、平素のお詫びと挨拶を兼ねて家庭訪問をしました。学校の対応への希望等をお尋ねして回り様々な情報を得ることができました。緊急を要する事については、即対応するとともに、これらの情報を整理・分析・判断し、問題解決に向けて様々な取組をできるだけ早く、学校挙げて全力投球しました。

例えば、4月下旬には、1年以上続いている「ある学年のいじめ問題」の解決に向けての取組をしました。午後6時から該当学級の保護者全員に集まっていただき、いじめ問題解消に向けての取組を開始しました。

いじめを把握した場合のいじめ指導の最大原則である「被害者保護」に全力を尽くしました。いじめられている子どもには「絶対に守る」という学校の強い意志を伝え、心のケアと併せて登下校時や休み時間、清掃時間などの安全確保に全力投球をしました。そのためには、校長を中心とした対策チーム（校長、教頭、教務主任、生徒指導主事、学年主任、学級担任などで構成）を組織し、指導方針を共通理解した上で、役割分担し迅速な対応を進めました。

他方、「加害者の指導」では止めさせることを最優先し、「指導の手順」を慎重に見極めて進めました。

このように学校挙げて、学年の保護者挙げて様々な取組をし、校長赴任以来2カ月も経たないうちにいじめ問題は完全に解消することができました。1年数カ月ぶりに該当学年の子どもたち全員が明るくなりました。いじめられていた子どもの保護者もいじめていた子どもの保護者も親しくなり大変喜んでくださいました。

その他の不登校なども様々な問題に対しても同じように早期に対応し、早期に解決しました。ここでの「不登校」の取組は「おわりに」に記述しています。校長の毎日の「ふれあい」を基にした行動により、学校と家庭と地域社会との厚い信頼関係が生まれました。保護者や地域住民の方々が度々校長室に来られるようになりました。校長を地域社会のみんなで支えようという機運が上昇しました。学校で楽しく、健やかに育っている子どもたちの姿を見て、保護者から、校長赴任の2カ月前の子どもたちの姿とのあまりにも大きな違いから、「まるで子どもたちが、平岡校長先生の魔法にかかったようだ」と、言われました。上記の手紙の内容はかなり誇張された表現ではありますが、「校長の日ごろの取組へのお礼と校長への信頼と支援の気持ち」が込められたものであります。この学校ではこのような温かい手紙を地域内外からいただき、3年間で600通をはるかに超えました。

このようにして子どもたちに「やすらぎを抱く教育環境」となり、この学校の3年目の終わりには、私の目指す理想の学校経営もできるようになりました。その成果として、学校が受賞するものとしては最高の賞である「心とからだの健康教育」で、東京から来校の大学教授による審査員6名の2日間にわたる厳しい実地審査を経ての（大規模校部で第1位）全国優秀校「すこやか賞」（朝日新聞社主催、文部省・厚生省後援）を3年目に受賞しました。前任校でも（中規模校部で第1位）全国優秀校「すこやか賞」の受賞も赴任してから同じ3年目のことでした。校長として2度の受賞は全国でも私だけでした。

この会の祝賀会にはどちらにも、皇太子殿下・皇太子妃殿下（現天皇陛下・皇后陛下）が御臨席になられ、受賞校の学校を代表して出席した子どもたちとのふれあいをしてくださいました。子どもたちにとりましても私にとりましても生涯忘れられない時となりました。岡山県教育委員会、岡山市教育委員会、家庭・地域社会の方々・子どもたち・教師の、この受賞の喜びは大変なものでありました。岡山市教育長奥山桂先生は「ここまで良い学校にしてくださり、この上の喜びはありません、ありがとうございました」と喜びの電話を掛けてくださいました。その奥山桂教育長様は２カ月後には病気で退職されました。「すこやか賞」受賞記念碑の建立の除幕式には御出席いただけなくて誠に残念でありました。

学校を支える会「みどり会」様やPTA会長様、PTA副会長様が、中心となり、連合町内会会長様にも御賛同していただき、「すこやか賞」受賞記念碑の建立に御尽力してくださいました。除幕式には奥山桂教育長様後任の戸村彰孝教育長様の御臨席のもとに、連合町内会会長様、みどり会会長様、PTA役員様全員、子ども全員、保護者・地域住民など多くの方々の御出席いただき、盛大な除幕式が開催できました。その記念碑は現在も子どもたちの健やかな成長を見守っています。

すこやか賞受賞は、地域内外や県内外からも様々な驚きと感動・感謝の声や手紙が届きました。「すこやか賞」受賞を契機に、「全国一の優れた学校」として高く評価され、その当時、岡山県内外など多くの学校から転入生がありました。このような学校になりましたのも「やすらぎを抱く教育環境」等の教育理論を基にした校長の行動を持っての毎日の早朝から夜遅くまでの実践にあります。それとPTA会長様、PTA副会長様を始めとする保護者の方々や町内会会長様を始めとする地域住民の方々や教職員の御支援の賜物であります。

1. 正しい教育とやすらぎを抱く教育環境の創造

1）教育の論理と正しい教育の創造

村井実氏の「教育の論理」を簡略にまとめると次のようになると思います。

第１に、教育とは子どもを「善く」しようとする子どもたちへの働きかけである。（教育観）

第２に、「善さ」というのは、人間のすべてが大人であれ、子どもであれ、生まれついて同じように求めている共通の言葉である。（世界観）

第３に、「子ども」（あるいは人間）はすべて「善さ」を求めて生きているものだということが認められなければならない。（人間観）

第４に、すべての子どもたちは「善く」生きようとしている。その子どもたちを「善く」しようとする私たちは、もっぱら子どもたち自身の「善く」生きようとする働きを助けてやるということを、あらゆる形で工夫しなければならない、その助けが、教育ということになる。(方法論)

また、プラトンは彼の遺著『ノモイ（法習)』において、「人は正しい教育を施せば、万物の中で最も尊い、穏やかな動物になるが、教育をしなかったり間違った教育を施こしたりするとこれほど扱いにくい動物はいない」と言い切っています。

昨今の青少年の目に余る犯罪のみならず、大人の様々な凶悪な犯罪や言動等を見聞するたびに、この言葉が真実のものとして受け止められ、切実なものとして思い出されます。教育が人間の成長にいかに大切なものであるかは、プラトン以外にも古今東西にわたり、様々な方が述べています。

例えば、カントは『教育学講義』（1803）の冒頭で、人間は教育されなければならない唯一つの生物であると述べ、また、その後段では、人間は教育によってのみ人間となることができるとも語っています。そのように論じたカントもまた『エミール』（1762）の著者であるルソーからも強烈な影響を受けています。カントは、ルソーから学者としてではなく、人間として尊敬することを学んだと告白しています。

そのルソーは『エミール』の中で、植物は栽培によってつくられ、人間は教育によってつくられる、と述べております。また、「わたくしたちは弱い者として生まれてくる。わたくしたちには力が必要だ。わたくしたちは何ももたずに生まれてくる。わたくしたちには助けが必要だ。わたくしたちは分別をもたずに生まれてくる。わたくしたちには判断力が必要だ。生まれたときにわたくしたちがもっていなかったもので、大人になって必要なものは、すべて教育によってあたえられる」と述べています。そして、ルソーは、「私たちがほんとうに研究しなければならないものは人間の条件の研究である。私たちのなかで、人生のよいこと悪いことにもっともよく耐えられるものこそ、もっともよく教育された者だと私は考える。だからほんとうの教育とは、教訓をあたえることではなく、鍛錬をさせることにある」と言っています。

また、近世教育学の父であるコメニウスは、『大教授学』の中でも、人間は訓育されるべきで生物である、と述べています。

このように、人間にとって如何に教育が大切であるか、しかも「正しい教育」が如何に大切であるか古より言われているところであります。教育は確かに以前と比べるとある面では発展していますが、それが果たして、人間の心を正しく導くまでの教育にはなっていないのではないでしょうか。

今、学校教育に求められていることは、人間尊重の精神を基盤として、子どもに視点をあてた「正しい教育」の創造にあると思います。そのためには何が「正しい教育」か、確かな理論とそれに基づいた実践であり、その実践を評価し、新たな理論を構築していくことが大切であります。この計画・実践・評価を繰り返しながら「正しい教育」のあるべき真実の姿を求めていくことが重要です。10年先、20年先、50年先の将来にわたって子どもが「善く」生きるように責任ある教育が求められます。

2) 正しい教育とやすらぎを抱く環境

「正しい教育」とは、子どもの「健全な発達を促す教育」ととらえることができます。教育者ボルノウは、子どもの健全な発達にとって、「やすらぎを抱かせる環境」が大切であることを強調し、「やすらぎを抱くような環境の中でのみ、子どもは正しい発達を遂げることができる。もし、やすらぎが欠如している場合には、その環境は子どもに脅迫的に迫ってくる恐ろしい力であり、もしどこかで子どもにやすらぎを再び与えられないならば、子どもは人生への意志を失い、希望もなく萎縮するにちがいない」と述べています。さらに付け加えて、「子どもの世界の内部に、なんらかのかたちで信頼する人物が存在することが、子どもの人間的な発達に欠くことのできない条件だからである」とも述べています。

ボルノウは、このような見方に立って、「感謝と従順、愛と尊敬」などを、子どもの特性としてとりあげ、これが教育を成功させるために子どもに求められるものである、と述べています。それに対して、大人の教育的態度としては、熟慮と明晰をもった善意、広い意味での人間らしさ、さらには、子どもの望ましい発達への希望、子どもが期待に反してもこれに堪えてゆく忍耐、その他、教育者に要求される様々な要件を挙げることができる、と述べています。

(1) ボルノウの教育的雰囲気

教育が成功するためには、幾多の条件が満たされなければなりません。それらの条件の中で、特に教育する者と教育される者との人間関係の条件であり、それも主とした両者の情感的な関係についてであります。ボルノウは、教育が成功するための情感的な前提を「教育的雰囲気」という概念で言い表しています。要するに、ボルノウは、教育者と子どもとが「1つの共通の包括的な気分」の中で相互に情感的にいわば響きあう関係が生まれることこそ、教育の成功する基本前提であると見るのです。そのような気分を、手短にボルノウは、「教育的雰囲気」と呼んでいます。

(2) マズローのやすらぎ

「やすらぎ」について、マズローは人間関係の上で分析し、それが人間の「自己実現の欲求」を生むための重要性を述べています。マズローは人間の最高の目標は「自己実現」であると考え、個人が自分のよさを最大限に発揮して生きることの重要性を説き、自己実現にいたる欲求の階層を「図2−2−1」のように仮定しています。この階層では、底辺に「生理的欲求」(基本的欲求)が、頂点に「自己実現の欲求」(社会的欲求)が位置づけられています。

上位の欲求は下位の欲求を満たすことによって追求が可能になります。食べること、寝ることなどの「生理的欲求」が満たされると「安全の欲求」に進み、「安全の欲求」が満たされると次は「愛情と所属の欲求」に進めるのです。このようにして次々と欲求が満たされていくのです。

この「生理的欲求」から「承認と尊重の欲求」が満たされた段階を「やすらぎ」で

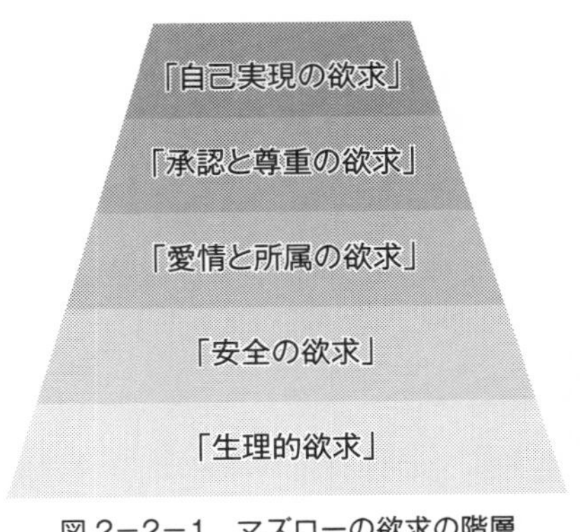

図2−2−1　マズローの欲求の階層

あると言っています。

つまり、「承認と尊重の欲求」が満たされた段階を「やすらぎ」であると言っています。「やすらぎ」とは、端的に言えば、承認と尊重に基づいた信頼関係の中に抱く感情であり、その感情が、人間として最高の欲求である「自己実現の欲求」に結びつくものであります。

それには、子どもの心の中に、何らかのかたちで「承認と尊重」が満たされる信頼する人物が存在するということが、子どもの健全な発達に欠くことのできない条件であり、「やすらぎ」を抱くための条件でもあります。

⑶　ペスタロッチのやすらぎ

時代が少し遡るが、ペスタロッチは「白鳥の歌」の中で、人間的なものの本質は、やすらぎにおいてのみ発展する。やすらぎがなければ、愛はその真理と聖福の能力をすべて失うと述べています。さらに、「子どものやすらぎのための配慮は非常に重要であり、そしてそのやすらぎを保証する母の誠実さにとって、この時期における不安へのあらゆる感性的刺激を防止するための配慮も、同様に重要である」。そして、やすらぎの中でただ愛と信頼の萌芽が合自然的に発展するのであると述べています。

また、ペスタロッチは「隠者の夕暮」の中で、「人間は内的なやすらぎへと陶冶され、その境遇と、人間が到達しうる味わいとによって足りることを知り、いかなる妨害に際しても耐え、親の愛を尊重し、そして信ずるように陶冶されなければならない。このことは人間の知恵への陶冶である」と述べています。

このように、人間の健全な発達には「やすらぎ」が如何に大切なものであるか、多くの著名な人々が述べているところであります。そのやすらぎには、信頼している人からの愛と承認が大切であります。少なくとも子どもの心の中に一人は信頼と愛と承認されている人物が存在することが大切であります。

ここでは、私が校長として勤務した学校で、子どもとの様々なふれあいの場と機会を通して、私はすべての子どもを「愛と承認」し、私が子どもからは「愛と承認」される人物としての存在するようになるよう、子どもとの信頼関係を築くように努力してまいりました。その結果、校長として勤務したすべての学校でも、2カ月も経たないうちに、いじめ・不登校、問題行動等のない学校・地域社会となりました。また、中学校教諭として勤務した学級でも15日も経たないうちに皆無にいたしました。

ここでは校長として、子どもとの「ふれあい」や保護者・地域住民との「ふれあい」での取組の一端を以下述べさせていただきます。このような「ふれあい」によって、いじめ・不登校等を無くするとともに、それを生まない環境となりますことを実証することができました。

校長先生、副校長先生、教頭先生、教務主任の先生、生徒指導主事の先生、学級担任の先生を始め、「学校いじめ対策組織」のメンバーの先生方も是非、実践してもらいたいと存じます。教員採用試験を受けられる大学生の方にも読んでいただきたいと思います。

2. 校内での子どもと校長とのふれあい

1) 校内での子どもとのふれあいと学校経営

学ぼうとする気構え、成長しようとする意志はすべて朝のようなさわやかな気分の中に根ざすものです。朝のさわやかなふれあいは、子どもにとってその日を楽しいものにします。

学校経営の基本は一人ひとりの子どもが、教育目標に照らして、どれだけ身につけているか、常に見極めることにあります。特に、校長は、学級担任・保護者・地域住民の方々等からの確かな情報を通して、適切に把握するとともに、子どもの思いや願いを、定期的な「子どもの意識調査」をもとに分析し、把握することも欠かせません。また、直接子どもとのふれあいを通して自らの目で確かめ、正しく適切な判断をすることがより大切となります。

子どもの思いや願いがたとえ些細なことでも、それを校長が学校経営に生かすとき、子どもの喜びは校長への厚い信頼感情へと発展します。そして、新たなアイディアを校長のために、一生懸命に考え、それを教えてくれます。

私は子どもから学ぶという姿勢で、できるだけ時間を作り、子どもの世界に入っていきました。子どもの世界には、学校経営改善のためのアイディアがいっぱい詰まっています。まさに「アイディアの宝庫」のような存在でもあります。

今、校長に求められていることは、子どもとのふれあいを通して、子どもの立場から、学校全体を見直し、学校改善を図ることにあります。

2）校内指導（校内巡視）と子どもとのふれあい

ここでは、冒頭に述べた、私にいじめのサインを出した子どもを、Ｂ君と呼び、もう少し詳しく述べてみます。

私が校内指導していたときに、Ｂ君の趣味を尋ねたことがきっかけとなり、それからは毎日、校長室に来るようになりました。Ｂ君はザリガニが大好きで、家に数十匹を飼っていて、日曜日には１日中でも観察しておれば御機嫌であるという有様でした。私にザリガニについての話を聞いてもらうことが楽しくて、世界中のザリガニの種類やその棲息地までも詳しく調べていました。

毎日、僅かな休憩時間でも校長室を訪れ、多いときには、１日に３回もありました。校長室で私と話をすることが楽しくて仕方がない様子でした。

ところが、ある日から突然、校長室に来なくなりました。私の毎日の校内指導を楽しみに待ち、私の姿を見ると親近感を持ち、笑顔を示していたこともすっかり影をひそめてしまいました。それよりも、私を見ると無視する態度をとるようになりました。これは何かあるのではと感じましたが、しかし、偶然ということもあると思い、少し様子を見ることにしました。２回目、３回目、４回目も同じような態度をとったので、これは偶然ではないと思いましたが、統計的に考え、もう１回様子をみることにしました。５回目も同じような行動をしましたので、これは、統計的にも確実に私にサインを出しているに違いないと判断し、直ちに、対応しました。

その後は幸いにして深刻ないじめにまで発展することなく解消することができました。同じクラスの子どもからいじめを受けていたことが判明しました。早く手を打ちましたので、簡単に解決できました。これを機会に、学校全体を挙げて、いじめ問題防止のための実践をしました。いじめ問題は完全に解消しました。いじめとは縁のない学校となりました。B君は元気を取り戻し以前より増して校長室に来て、ザリガニの話に花を咲かせるようになりました。

3）校長室での子どもとのふれあい

前述しましたように、校長室は子どもとのふれあいの大切な場所としました。保護者・地域住民の方々もよく尋ねて来てくださいました。どなたも私にとってはかけがえのない大切なお客様です。子どもの場合はなおさらです。

校長室でも、子どもの姿を写す鏡となるようにしました。できるだけ美しい言葉と誠実な応対と礼儀作法も自らの姿を通して子どもたちに投影されるよう、心がけました。子どもたちも自然とマナーを身に付けるようになりました。

校長室を子どもにとって自由に話ができる雰囲気にしていました。深刻な悩みを持っている子どもが、相談にくることができるようにしていました。もし、悩みがあれば来なさいと条件付けをしていると、深刻な悩みを持った子どもは、他の子どもや教師を意識して尋ねて来ることはできません。

子どもたちはいろいろと楽しい話を見付けて教えてくれました。しかし、中には、友人関係・親子関係のトラブル、身体的な悩み、学習の悩みなどの相談もありました。このままにしておくと大きな問題に発展しかねない相談も幾つもありました。

例えば、ある学校では、学級担任との信頼関係のもつれから冷えきったものになり、「何度か死を覚悟して行動に移そうとしたが、母親の悲しむ姿が目に浮かび思い止まった。今もその気持ちは変わらない」と泣き崩れながら、春休みの前に相談にきた５年生の女子がいました。これは一刻の猶予もできないと思い、その悩みを十分に聞き「新学期になったら必ず楽しくなるように努力する」ことを約束し、「春休みを楽しく過ごしてほしい」と話しました。

それまでの毎日の校内指導で、子どもの様子等を含めて様々な情報を集めていましたので、子どもに視点を当てて判断し教職員の総意のもとに、そこの学校が創立以来、長年続いていた幾つかの「しきたり」を思い切って改善しました。

新学年になってから、彼女は笑顔を取り戻しました。中学生になって尋ねてきた時、その話に触れると、「校長先生、あれは乙女心の悩みだったのよ」と、軽く返した言葉とは裏腹に、子どもの目には水玉のようなものが光っていました。一段とたくましく成長した姿に触れ、私も思わずうれし泣きをしました。

その他にも、ある学校では、このような事例がありました。父親を失い、その上に学級の子どもたちからいじめを受けた子どもが、「死を持って仕返ししたい」と相談に来ました。これも一刻の猶予もできないと思い、いじめをしている子どもや保護者、学級を挙げて、更には学校を挙げて対応し、いじめの撲滅を図りました。いじめが発生したとき、学校には児童生徒をいじめから守る義務があるとともに、学校は親から児童生徒をあずかって教育を行っている以上、児童・生徒の安全保持義務があります。

子どもたちは形こそ異なりますが、大人と同じように、いや、大人以上に、大きな重荷を背負って生きているのです。大きな重荷を背負って学校に来ているのです。そのことを理解し、少しでも軽くなるよう、子どもにとってやすらぎを抱く学校とすることが校長としての大切な役目です。この目をもって私は、子どもの様々ないじめ問題等の相談に乗り、解決を図りました。

なお、いじめ・不登校を防ぐ詳細な取組は、第２章第３節「大学での『いじめ・不登校への対応』の授業の創造」に述べています。参考にしてください。

4）学習室での子どもとのふれあい

職員図書室を温かい雰囲気となるよう、カラフルに内装して、不登校や不登校気味の子どもたちの「やすらぎの場」としました。教務主任が中心となり、授業のない教師の支援の下に、子どもの教科等の「学習室」としました。校長の私もここでは子どもの「算数」等の指導をしました。「不登校の子どもにとって、居心地のよい学校にすることが、すべての子どもにとっても居心地のよい学校」になると考え、これに全力投球しました。はじめは20名超える子どもたちが、この場所で学習に取り組みました。その内に、子どもたちは授業では教室に行き、休憩時間にはこの場所で過ごすようになりました。そして、休憩の時間も学級が「居心地のよい場所」となり、学級で過ごす子どもが増えてきました。

教務主任の熱心な指導により、2カ月もすると、ここを利用する子どもは2人のみとなり、1年が終わる時には、1人となりました。2年目には、全員が教室で1日を過ごすことができるようになり、この部屋を利用する子どもはいなくなりました。

ここを利用した子どもの中にはこのような子どももいました。卒業式の前日に夜中の3時までかけて、お世話になった全教職員一人ひとりに思い出を礼状にしたため、一輪の花に添えて渡しました。私にも次のような手紙を渡してくださいました。「校長先生、学習室を作ってくださってありがとうございました。僕は学習室があったから教室に入れるようになりました。校長先生から卒業記念として贈られたオモトの絵を描いた色紙に『明日の春を夢見て、限りない努力を』と書いてくださった言葉を胸にして中学生になっても頑張ります」。不登校の子どもには初期対応の遅れから欠席状態が長期化すると、学習の遅れや生活リズムの乱れなども生じて、その回復が困難になる場合も少なくありません。そのため、教務主任が中心となり、初期段階から、段階ごとの対応を整理し、組織的・計画的な支援につながるようにしました。

5）校長室を学習の場に

ある学校に校長として転任しましたら、2年間も学校を休んでいた6年生の男子がいました。ここではN君と呼ぶことにします。N君は4年生の時に転入学し、1週間ほど登校しましたが、クラスの子どもたちとの折り合いが悪く、それ以来、1日も登校することなく学校を休むようになったそうです。

4月の始業式終了後、学級担任と校長の2人で家庭訪問をしました。母親から子どもの家庭での様子等をいろいろと聞きました。4年生の時にクラスの子どもから嫌な思いをさせられたので、その子どもたちを見たくないので学校を休んでいました。そこで、学級担任と私が、1人で登校できるまでは、交互に家庭訪問して、子どもを学校に連れてきて、勉強を教えることにしました。しかし、その学校には「空き教室」が一室もないので校長室をその子どもの学習室としました。学級担任が授業のない時には教え、その他の時は校長の私が教えることにしました。ただ、校長、学級担任が出張の時や都合がつかない時には教務主任と教頭が教えることにしました。

Ｎ君は４年生の時の同じクラスの子どもに見られるのが嫌で、校長室でも休憩時間には勉強し、他の子どもの授業時間にそっとトイレに行っていました。このような状態ですから、何度か教室登校を試みましたが無理でした。そこで、中学校になったら登校できるように切り替えました。そのために、私は中学校の勉強に困らないように、中学校１年生の数学も指導しました。

校長室登校になってからは、１日も休むことなく、１年間を過ごし、卒業することができました。中学生になってからは、入学式から登校し、１日も休まずに他の生徒と同じように登校することができるようになり、卒業し、高等学校へ進学しました。

6）清掃時間での子どもとのふれあい

ある学校では、私の赴任前は、掃除時間に職員室の机で授業の準備等に充てている教師が多くいました。この様子を見て、掃除の時間は職員全員が子どもと共に一生懸命に清掃し、子どもの手本を示すとともに、子どもの安全を守りながら、「ふれあい」の時間としました。

私自身も、学校全体で清掃が最も必要なところを校内指導の時に探しておきました。毎日、一か所、清掃場所を決めて、子どもと共に、子どもの安全を守りながら、清掃に集中しながら子どもとの「ふれあい」をしました。

ある事務職員は、緊急電話への対応として、職員室を清掃の場所としていました。その際、私が赴任する前の４年生の時はほとんど欠席し、５年生では不登校気味の子どもが、職員室での清掃を通して、ある事務職員との信頼関係が築かれました。それ以来は一日も欠席をすることなく、学習時間には教室に行き、休憩時間には、ある事務職員の隣の空いている机に来て、勉強するようになり、学校が楽しくなりました。その子どもにとって、ある事務職員の隣の机で勉強することが、「やすらぎを抱く教育環境」となったのでした。

3. 校外での子どもと校長とのふれあい

「子どもたちが背中に汗をかいて学校から帰ってくる季節になりました。今日は校長室にお邪魔し、よいお話を伺って、嬉しく思いました。平岡校長先生のお話を伺って、子どもをほめることの大切さがよくわかりました。今日からひたすらよいところを見付け、ほめることにします。指示したり、命令したりすることはできるだけやめて自分で考えさせるようにしたいと思います。（中略）今思えば1カ月前までのことがうそのような感じがします。子どもが学校に行こうとしないことで私たち家族は苦しみました。校長先生のお話によると、私たちよりも子どもの方がもっと苦しんでいたことを聞き反省しました。

明日からは学校に行くと準備はするものの、朝になっても寝床から出ようとしません。主人は怠けていると、きつく叱ったこともありましたが、どうにもなりませんでした。（中略）4月に平岡校長先生が子どもの学校に赴任され、毎朝早くから私たちの町内にも来てくださり、学校に行けないで困っている私の家にも度々来てくださったおかげで、子どもが元気で登校できるようになりました。はじめは平岡校長先生がわざわざ来てくださっても部屋から出ようとしないので申し訳なく思っていました。平岡校長先生のやさしさと誠実な人柄に引かれたのでしょうか、何の抵抗もなく出てきた時には、驚きました。それ以来、平岡校長先生が来てくださることを楽しみにするようになり、そのうちに平岡校長先生と会いたいために学校へ行くようになりました。

毎朝、通学の途中で、平岡校長先生からやさしく声をかけてくださったり、じゃんけんをしてくださることが楽しくて、喜んで学校に行けるようになりました。平岡校長先生がすっかり好きになり、子どもが家に帰ると平岡校長先生のことばかり話します。それがとても楽しそうです。平岡校長先生が子どもたちを大切にされる態度には頭が下がる思いがします。平岡校長先生が来られたおかげで学校もよくなり、他のお母さんや子どもたちから、平岡校長先生のよい評判を耳にいたします。自分のことのように嬉しくなります。平岡校長先生とめぐり会えたことは私の子どもにとっても私たち家族にとっても本当に幸せでございます。

校長先生という人がこんなに、学校を変え、子どもを変える力をもっているとは今まで思いもしませんでした。平岡校長先生のおかげで私の子どもはすっかり学校が楽しくなりました。学校に行かないで家の中にこもっていた頃、私たち家族は努めて明るく振る舞うようにしましたが、心の中は真っ暗でした。我が家にもようやく春がやってきました。本当にありがとうございました。(後略)」

～保護者Ｅさんからの手紙～

1）子どもの生命尊重の態度

朝の子どもとのふれあいは、様々な場面との出会いでもありました。登校の途中で落とし物をし、探しながら家の近くまで引き返したり、転んで負傷した子どもを病院に運んで手当をしてもらったり等々。もし、その場面に私がいなかったらどんな事故に、どんなトラブルに巻き込まれたか想像もつかないことがありました。

例えば、この学校では、子どもは集団登校していました。校長の私は赴任以来、子どもの集合場所全部に、順番を決めて、子どもの様子を見るために早朝、出掛けていました。この場所を、子どもや保護者・地域社会の人々との「ふれあい」を通して信頼関係を築く場所にしていました。そして、子どもの集団の最後尾に私がつき、交通事情が激しい道路を登校している姿を見守りながら子どもと共に登校しました。

ある時に、２年生の子どもが、横断歩道から境界の白線を急に越えて車道に飛び出し、あわや交通事故に遭うと思われた瞬間、私は身を挺して車を止めて、防いだことがありました。

その日は、子どもが実際に交通事故に遭ったと想定し、子どもの命を守るための具体的な取組をしました。道徳、特別活動を取り入れ学校全体を挙げて様々な実戦的な取組をしました。

放課後にはPTA交通委員会を開催し、PTA会長様、副会長様にも集まっていただきました。子どもが、横断歩道から急に車道に飛び出した危険な通学路は、他のより「安全な場所」を探し、新しく通学路に設定するなど通学路を含めて集団登校の在り方を全面的に見直しました。

その日から一定期間、集団登校や下校時には危険な場所には、PTA 交通委員様や教員全員も順番に立つことになりました。横断歩道の渡り方など具体的な指導に当たりました。子どもの健やかな成長と幸せに視点を当てて、そのために何事も先手を打つことに心がけました。このような取組が功を奏して、この学校でも幸いにも交通事故は1件もありませんでした。

また、いじめ、不登校等の生徒指導上等の問題においても、この度のように事が大きくならないうちに、PTA 会長様、PTA 副会長様、PTA 役員様、町内会長様など学校・保護者・地域社会が一体となって学校を挙げてできる最大限の予防対策を取りました。このようにして学校が、いじめ、不登校等を防ぐ、やすらぎを抱く教育環境となりました。

2) 朝のふれあいと不登校児童への対応

毎朝、地域に出掛けての子どもとのふれあいは、始めは二十数名の不登校児童の家庭訪問でもありました。それぞれを毎日、計画的に訪問し、少しでも早く登校できるきっかけとしました。また、通学路では、不登校の子どもも喜んで登校できる雰囲気づくりに努めました。

「朝、校長先生が通学路に立ってくださり、子どもたちに笑顔で話し掛けたり、握手したり、じゃんけんをしたりしてくださるので、学校に行きたがらなかった我が子が喜んで学校に行けるようになりました」という声が、手紙の保護者Eさんをはじめ、多くの方から耳にするようになりました。この学校では2カ月も経たないうちに二十数名の不登校の子ども全員が「学校が居心地のよい場所」となり、元気に登校できるようになりました。

3) 朝のふれあいと子どもの思いや願いへの対応

朝の子どもたちとのふれあいは、子どもの思いや願いを知るよい機会でもあります。「学校はとても楽しいのですが、時に、手や足がでる喧嘩があるので困っています」という子どもがいました。その子どもには、この問題を学級の中で提案し、1人の問題をみんなの問題として、自分たちの力で解決するように勇気付けました。

校長としても責任をもって学校全体の問題としても取り組み、完全になくすることを約束しました。

定期的な児童の意識調査の「いじめの問題」に関する中に、「廊下を歩いていたら友達からわけもなくたたかれたことがありますか」や「その時とった態度」などの項目を加えました。その結果、低学年に多いことがわかりました。子どもの声や調査結果をもとに、「心の教育」の一環として学校全体で取り組むとともに、PTA総会を通して保護者や地域住民での町内会会議など様々な会議を通して協力をお願いしました。

テレビ番組の中で、わけもなく相手を叩いたり、野球でホームランを打った選手に祝福のために手荒く頭を叩いたりする行為が子どもに影響し、子どもの心を傷つけ、相手を叩くことに対する罪悪感を持たない子どもが増えていることに着目しました。

学校での生徒指導主事・教務主任を中心とした全体的な取組もさることながら、PTA会長様、PTA副会長様、PTA役員様、町内会長様など学校・家庭・地域社会が一体となっての取組のお陰で、15日も経たないうちに、喧嘩もなくなり、子どもにとって楽しい学校となりました。

子どもは、学校・家庭・地域社会との望ましい連携で心豊かに成長するものです。子どものプライバシーの保護に反しない範囲で、学校での子どもの様子や学校が抱えている問題等とその対応などを平素から地域住民や保護者にできるだけ説明して、「風通しのよい学校」にしておくことが、学校が保護者・地域住民から信頼される学校になるために大切なことです。このような関係であると、いざというときに学校を助けてくださいます。

教職員に対しても同じことです。私が赴任する以前の学校では、子どものプライバシーの保護を前提として、子どものどんな些細な問題も、校長、教頭、教務主任と関係の教職員だけで相談し、それ以外の教職員には全然知らされませんでした。

学校での問題はたとえ些細なことでも日頃から教職員全体で取り組む体制を整えておくことが、どんな問題が起きても、子どもの幸せを視点とした適切な対応ができるようになるために大切です。それとともに、すべての教職員が学校で起こる問題を自らの問題としてとらえるようになり、未然に問題を発見し、問題解決を図ることができるようになります。

現在、学校で起こる諸々の事故や事件の報道に触れるたびに、校長が自校の現実の姿を正しく把握していないことから招く誤解が要因になっていることを感じます。校長は、常に児童生徒の現状を自らの目を通して正しく把握するとともに、問題を感じたら、校長がリーダーシップをとり解決を図るよう、態勢づくりをしておくことが最低限必要です。そこから学校改善の方略と地域住民からの信頼が生まれてきます。

4) 子どもの交友関係把握といじめ発見とその解消の判断

早朝、地域に出かけての子どもとのふれあいは、校内では見えない子どもの真の姿を見る機会にもなります。例えば、子どもの交友関係を知ることは健やかな成長を支援するためにも欠かせないものです。時には、問題行動の発見と解決の糸口にもなります。

ある学校でいじめがありました。完全に解消するまでに指導に時間がかかりました。その間、校長の私以外の教師は、何度もいじめは解消されたと思った時がありました。しかし、継続していることを示す事例が数回あり、個別指導と全体指導との継続指導に力を注ぎました。

私が解消されていないと判断した理由は、毎日の校内外の子どもとのふれあいの中から、一人ひとりの行動の変化を整理・分析し、それを指導に生かすようにしていたことにあります。

私がいじめの兆しを感じたのは11月の上旬でした。5年生のC子が学校の反対側の同じクラスのD子を朝、迎えに行って、一緒に登校するようになってからです。C子がD子の家に迎えに行くことが遅れた時は、C子は校門の前で落ち着かない状態で、D子が登校するまで待っていました。普通の状態でないと思った矢先の修学旅行の主張中のことでした。学校からの帰り道でD子をはじめとする数人が、C子をいじめているところを地域のお年寄りの方が見付けてくださいました。

子どもたちは、初めは遊びの中の行動で、いじめではないと言っていましたが、子どもや保護者との話を進めていく中で、典型的な「いじめの構造」をしていることが分かりました。このいじめ解消の１つの指標として、それまでの２人の行動等から、Ｃ子がＤ子を迎えに行くことを止めた時であると統計的な判断を基に、私の心の中で定めていました。それまでは、個別指導を中心に全体指導を含めながら、人間の尊厳を基盤として指導の継続と徹底を図りました。

１月の中旬にやっとその時がきました。Ｃ子もＤ子も他の子どもたちもいじめを解決し、いじめられることへの不安が全くなくなり、安心感に満ち溢れた、生き生きとした表情になりました。学年が変わっても、以前よりは一層親しくなり、楽しい学校生活を送ることができるようになりました。

卒業式の前日、Ｃ子はあの時のお礼にと、手作りの「状差し」を、Ｄ子と「一緒に作った」と言って、校長室に持ってきてくださいました。「校長先生、ありがとうございました」という文言を綺麗な刺繍で入れたものです。今も大切な宝物として居間に飾っています。

私は、いじめ問題で大切にしたことは、どんな場面でも、子どもは一個の人格として対等であるということです。そして、これを機会に二度といじめがないように校長と子どもたちが「愛と承認に基づいた厚い信頼関係」を築く機会を与えられたと思い「ふれあい」に全力投球し、改善を図りました。

5）放課後の校外での子どもとのふれあい

現在、子どもを取り巻く環境は子どもの心や生命をも脅かす誠に厳しいものがあります。子どもの健やかな成長を育み、安全を守ることが、大人の大切な役割です。

校長時代の私は、どの学校でも、勤務終了後、毎日２時間ほど地域の中にある公園を中心に、子どもの安全を守りたいという思いで学区内を見回りました。この時は子どもの健康・安全の確保と健全育成のための時間としました。様々な事がありましたが、ここでは１件のみ紹介します。

例えば、夜10時が過ぎようとしているにもかかわらず、２年生の女児が薄暗い公園の中で１人ぽつんと立っている姿を見て驚きました。母親の帰りを公園で待っていたのです。玄関前で子どもと一緒に母親の帰りを待ちました。

私は、校長として勤務期間中にどの学校でも、幸いにも登下校での交通事故、学校事故、その他の事故も全然ありませんでした。

交通事故や学校事故に限らず、いじめ・不登校・学級崩壊をはじめとする学校で起こる様々な問題に対して、校長は、問題が起きてから解決を図るのではなく、未然に問題を発見し、問題解決することができるようにしておくことが大切です。日頃から子どもの様々な場面での様子を観察したり、ふれあいをしたり、可能な広い範囲で情報を収集したりして、それを整理・分析しておくことが大切です。問題を発見する感性を持つことが、今、校長に限らずすべてのリーダーの資質として求められています。その感性を養うためには、現代人の教養である「統計的な考え方」を用いて現状を正しく把握するとともに、高い識見を身に付けるための研鑽が必要になります。

6）家庭訪問における信頼関係の構築

私は、中学校教員をしていたころ、普段から、些細な事でも電話ではなく、人間関係を築くために、できるだけ家庭訪問をするように心がけていました。特に、生徒が病気等で学校を休んだときには、毎日家庭訪問し、子どもや保護者との信頼関係を構築するための機会にしていました。

このように普段から家庭訪問をしていると、保護者や地域の人々も、私が家庭訪問しても何ら違和感をもたれませんでした。

このことを私が校長として、ある学校に赴任した時に話しました。その時に初めて、4年生を学級担任したN講師がいました。N講師は、私の話したことを、即実践しました。

勤務終了後、毎日、欠かさず1、2軒程度、定期的に家庭訪問を始めました。家庭訪問を通して、子どもや家族との信頼関係の構築を図っていました。

初めての学級担任でしたので、授業は上手とは言えませんでした。私は毎日、教師の授業の様子を見るためや安全管理のために、校内指導していました。その際、N講師の教室に近づくと、他の教室で授業をしているかと、いつも勘違いをするように、静かなのです。Ｎ講師の授業に、子どもたちの姿勢はきちんとしており、子どもの目はＮ講師の方向に向いているのです。Ｎ講師の穏やかな声に一生懸命に学習に取り組んでいるのです。まさに、先生と子どもとの心が一つになっているのでした。子ども一人ひとりにとって教師が大切な存在となり、やすらぎを抱く学級経営を築いていました。Ｎ講師は他の３校の学校でも同じように毎日家庭訪問し、その学校でも、子ども・保護者から信頼される教師になりました。35歳で教員採用試験に合格し、現在も数校目で頑張っています。

4．校長と保護者とのふれあい

1）校長と保護者との交流

今日の学年別委員会では、いろいろな意見が出て興味深かったです。お母さん方の本音を校長先生にお知らせしておきます。

それは「学校は、いくら要望を出しても変わらないところで、何年も前から言っているにもかかわらず、同じことの繰り返しで進歩がない」と、あるお母さんが言いました。すると、他のお母さんが、「今の平岡校長先生は違うよ。先日も、合服にポロシャツでもいいことに変えてくださったし、今、学校をいい方向に大きく変えてくださっている。それに話しやすいから、変えてもらおうよ」と言い出し、それに賛同しました。平岡校長先生は多くのお母さん方からもいいイメージでとらえられていることを知ってうれしくなりました。

今まで何年も続いてきたことを変えることはとても勇気がいることだと思います。そして変えることが本当に意義あることかどうか判断し、決断することは、とても難しいと思います。平岡校長先生をそれができる方であることを多くのお母さん方が認めており、大きな期待を寄せていることが今日の会でもわかりました。

子どものために頑張っておられる平岡校長先生の姿に感動し、平岡校長先生を信じて、お母さん方が学校に対して協力的でいい方向に動いています。平岡校長先生は、それぞれの学年会に出席されて、どんなふうに感じられたでしょうか。

また、感想を聞かせてください。

～保護者Ｇさんから手紙～

2) 校長と家庭との連携

学校は、まず、子どもたちが、元気に登校し、元気な姿で家に帰るよう、健康安全への配慮が第一です。「命の大切さ」を子どもに自覚させるとともに、学校としても子どもの「健康・安全の確保」のために最大限の努力が必要です。

次に、子どもたちは、「今日はどんなよいことがあるか」と期待感を持って登校し、「来てよかった」と、実感させることが必要です。

このような学校や学級を創造することが、学校改善として大切なことです。この観点に立って学校と家庭との連携を図ることが必要になります。

学校と家庭との連携には、それぞれの立場を理解し、子ども一人ひとりの成長する姿を共に喜びながら、その子どものために、何をどのようにすることが最も大切であるか共に考えていくことです。それにより、心のつながりに支えられた、「愛と承認に基づいた信頼関係」が築かれ、具体的な連携が生み出されるものです。

私は校長として、どの学校でも赴任すると、最初に実行したことが、子どもとの校内と校外での「ふれあい」でした。特に、子どもの健康・安全の確保と健全育成のために、始業前の早朝と勤務後に地域に出掛けての子どもとのふれあいは私にとって大切な時でした。

この時は、交通事故・不審者への対処やいじめ・不登校を生まない土壌としての対応が具体的な形として見つけることができました。危機的管理意識をもって子どもや学校を見る機会となり、先手を打つこともできました。

例えば、通行車がＵターンに、校門の出入口を使用している現場を見て驚きました。直ちに、登下校時以外は門扉を閉めるとともに、正門の１箇所の門扉以外はすべて施錠しました。「児童の安全確保のために門扉を閉めています。御協力をお願いします」を標示し、保護者・地域社会への協力を求めるとともに、子どもの安全意識の昂揚を図りました。現在は門扉を閉めるのが常識となっていますが、私が校長時代には門扉を閉めている学校はほとんどありませんでした。

学校というところは、成長期の子どもの集まりであり、いつ、どこで、何が起こるか分からないところです。事が起きないように、子どもの健康・安全を第一に、校長として、子どものために、学校のために、何が大切であるか、何ができるか、常にその時の状況を判断し、行動を通して実践してまいりました。

実際に交通事故や学校事故等が起き、犠牲者を出してから、どんなにすばらしい取組をしても、その犠牲者は浮かばれません。交通事故に限らず、子どもを危険な状態にする諸々の事故や事件に対して、事が起きない前に時機を得た対応が校長に求められます。

しかし、学校というところは、これで万全ということはありえません。どんなに万全を期しているようでも事が起きることがあります。自らが悔いを残さないように、１日１日を子どものために行動を通して最大限に努力し、最善を尽したことに偽りのない心で、自らを振り返ることができるように努めてまいりました。保護者・地域住民の方々からも、これ以上を校長に望むことはできないと思っていただけるよう、平素の行動が大切になります。

子どものために努力している校長の姿に、保護者も子どもの安全確保や健やかな成長のために共に努力したいという意識の変容が具体的な行動として現われてきました。

毎晩進んで校庭を警備してくださる方、子どもの登校時に危険な箇所で交通指導してくださる方、下校時に不審者がよく現われる場所等を警備してくださる方、学校のトイレが臭いと子どもの健康によくないと清掃してくださった方等々、言葉で言い尽くせないほどの支援が次々と増えてきました。

夜間のいたずらも皆無になり、学校への感謝の言葉が日毎に増してきました。幸いにも、校長時代に子どもの交通事故や学校事故等も皆無であったことは保護者・地域住民の方々のこのような支援と、教職員の努力の賜であり、感謝している次第です。

3）校長と保護者との交流（ふれあい）

私は機会あるごとに保護者との交流（ふれあい）を図りました。日常的な交流としての校長室や早朝、勤務後の地域での子どもとのふれあいの時、それ以外にも学校行事、PTA 役員会、学級懇談会、地域懇談会、そして「校長先生と語る会」等々があります。

このような交流の場で、学校経営方針を保護者に理解を得るためには、理念を言葉で説明するだけでなく、それが日々の学校生活の中でどのように実現されているかを「具体的な子どもの行動の姿」を通して分かってもらうように努めました。学校が楽しく、健やかに成長している子どもの姿に、保護者が実感されることにより、理解が得られます。

ここでは、「校長先生と語る会」と「PTA 役員」との交流（ふれあい）について要点のみ簡単に触れてみます。

⑴ 「校長先生と語る会」での交流

① ねらい

校長との「対話の機会」をできるだけ多く持ちたいという保護者の希望から「校長先生と語る会」が生まれました。企画・運営のすべてをPTA 研修部長様がしてくださいました。例えば、第一回の会では次の話題設定のもとに話し合いました。

○ねらい１　子どもが発するシグナルをどう読み、どう対応していくか。親は日常的に「勉強をしなさい」「ゲームをやめなさい」などの言葉を子どもに投げ掛けている。こういう言葉に子どもが反抗するとき、どう対応するか。さらに、子どもが万引き、喫煙、非行に走った時、どう対応するか。

○ねらい２　いじめ・不登校が起きた時、どう対処するか。例えば、いじめにも、暴力によるもの、言葉によるもの、無視・仲間外れによるものなどいろいろな形態がある。それぞれにどう対応するか。

○ねらい３　お互いを理解するために、何ができるか。相互の関係はどうあるべきか。例えば、子どもと子ども、子どもと親、子どもと教師、子どもと地域住民。

②　方　法

また、校長との「対話の時間」を、できるだけ「長い時間」もちたいという保護者の希望から、PTA 研修部員、５・６年生の保護者、３・４年生の保護者、１・２年生の保護者の順序で４回に分けて、それぞれ２時間の予定で開催されました。どの会も「ねらい」に向けて話し合い、保護者からの質問も変化に富んだもので意義あるものとなりました。ここでも「命の大切さ」を基本に「心の教育の推進」に力を入れていることを具体例を挙げながら話しました。その要旨は次のとおりです。

「現在、本校では、いじめ・不登校を生まない土壌づくりとして、「命の大切さ」を基本に「心の教育」を実践しています。もし、お子様がいじめられていると感じられたり、不登校ではないかと感じられたりした場合は早く知らせていただきたい。私が耳にしたからには、校長として、初期対応に全力を注ぎ、子どもさんの人権やプライバシーに配慮しながら学校・家庭・地域社会が一体となって総力を挙げて取り組み、皆無にいたします。そのために、今後とも様々な事に対して学校、家庭、地域社会との連携をいっそう図ってまいります」と述べ、いじめ・不登校が生じた時の具体的な対応を、事例を基に、時系列で詳細に説明しました。

質問の一例を挙げると、次のとおりです。

○子どもが朝起きて「今日、学校に行きたくない」と言ったとき、子どもの言葉をどう判断するか、親は悩みます。年齢にもよると思いますが、行かせるか、休ませるか、どう判断したらよいでしょうか。

○子どものことで気になることが起きたとき、保護者はまず、学級担任に相談をします。しかし、その回答に不満を感じた場合や学級担任との信頼関係が崩れかけた時にはどう対処したらよいでしょうか。

③　出席者の感想

この会に出席された保護者から多くの感想が寄せられました。

○校長先生のお話の会に参加させていただきました。とてもすばらしい心温まるお話に、今後、家族との関わりに参考にしたいことがたくさんありました。校長先生が学校に尽くされているように、私もまわりの方々の力になれるようになりたいと思います。とても励みになりました。校長先生をみんなで応援しています。これからも信念を貫いてください。

○同じ目的に向かって、この会のために、校長先生と力を合わせてがんばったことは、私たちにとって一生の宝になります。校長先生が私たちの気持ちを分かってくださって、私たちの期待どおりに懇談を進めてくださったことに感謝いたします。私たちの質問に対しても一問一問、丁寧に分かりやすく、具体的な例を挙げて話してくださり、よく分かり、大変参考になりました。ありがとうございました。

5. 校長と地域社会とのふれあい

突然こんな手紙を、お出し致しましたことをお許し下さいませ。

本日の体育館での音楽発表会にお邪魔させていただきました一老人です。感激のあまりに乱筆走らせました。

2年生の可愛い声にうれしくなり、4年生の生徒さんには高度な技術と歌唱力に感心し、最後の6年生の生徒さんたちにはもう驚きと感激の連續でした。

大きな音楽会の催しに行かせていただいたような錯覚をしました。こういう催しで涙したのははじめてでした。ほんとうにすばらしい発表会をみせていただきありがとうございました。先生方の御労苦を偲び乱筆で失礼致します。

一老人より

平岡校長先生　御侍史

この年度は、2年生、4年生、6年生が体育館で、その他の学年は教室で音楽会を開催し、1年置きに交代で体育館を使用していました。

なお、音楽会に限らず、全ての学校行事でも、今までの例に従うことなく、子どもと教師がアイディアを出し合い、例えば、「創る音楽会」「創る運動会」「創る修学旅行」「創る卒業式」……。等という名称で頑張るように助言し、校長も様々なアイディアを出しました。

1) 校長と地域社会との交流と信頼関係の構築

子どもは地域社会の宝です。地域の教育力を生かして、地域社会が子どもの体験の場としての本来の教育機能を取り戻し、子どもにとって「やすらぎを抱く学校環境」のためにも当然、必要です。それには、教育が子どもと教師との信頼関係の上に成り立つものであると同じように、学校と家庭や地域社会でも、厚い信頼関係を築くことが大切になります。とりわけ、校長と地域社会との愛と承認に基づいた信頼関係の構築がすべての基礎となります。

私の学校経営の基本は、「人間の尊厳を基盤とした思慮深いやさしさを行動を通して表すこと」です。私は校長として、地域の方一人ひとりを、かけがえのない大切な人として、あらゆる機会や場で、行動を通して示すことをモットーにしてまいりました。私の行動に対して地域住民の方々は、学校や子どもに対しても温かい支援として形こそ千差万別ですが、具体的な形として戻ってきました。

2) 地域社会との信頼関係の構築の機会と場

⑴　学校からの放送と騒音防止

～耳で聞く音も心で聞く音も、美しい音は人をやさしくさせるものです。美しい自然を守るペガサスと妖精を描いたこの絵の中から、あなたの耳に、きれいな笛の音が届きますように。

～永田　萌

これは、平成７年度の環境庁ポスターの「思いやりのある心で騒音防止」の中にある文章です。音は聞く人の気持ちによって美しい音色と聞こえることもあれば騒音と聞こえることもあります。学校からの音は学校近隣の人々にとって美しい音色とまではいかなくても騒音となっていることはないでしょうか。学校近隣の人々の中には病気で苦しんでおられるかもわかりません。夜遅くまで仕事をして睡眠をとっておられるかもわかりません。

昭和43年に国民の健康の保護に役立てることを目的として「騒音規制法」が制定されています。拡声器による騒音についても規制されていますが、その対象に教育目的による使用は入っていません。

しかし、学校から出す音量は要件を満たす必要最小限にすることが常識です。騒音は、日常生活に深い関係があり、発生源も数多くあることから、地方自治体に持ち込まれる苦情は、毎年15,000件を越えていると言われています。騒音は、道路に面する以外の場所と道路に面する場所とに分け、望ましい基準として「騒音に係る環境基準」が設定されています。地域を3つに分けて地域ごとに昼、朝夕、夜の騒音の基準が定められています。

私が着目したのは、道路に面した以外の場所についての、「専ら住居の用に供される地域」及び「主として住居の用に供される地域」での昼間が45db以下と「療養施設等が集合して設置されているため、特に静穏を要する地域」で昼間が40db以下になっていることです。校舎外への放送は緊急時以外の使用は控え、運動会等の学校行事での放送についても、演技などに支障をきたさない音量に下げ、近隣の方へ迷惑をかけないよう努めました。

(2) 樹木の落葉への対処

学校が配慮しなければならないものに、学校の樹木の落葉への対処等があります。樹木は季節の移り変りを伝え、見る人に潤いを与えてくれます。また、地球の温暖化や自然災害を防ぐためにも必要なものです。しかし、樹木の大切さは分かるものの落葉の始末には手を焼くものがあります。

落葉の季節になると、学校内にある大きな欅の落葉で近隣の民家に迷惑をかけていました。子どもたちと教師が清掃時間以外にもボランティア活動として始業時前に落葉の清掃に精を出していました。しかし、民家の前まではしていませんでした。それを見て、私は始業前の朝と昼食後の2回にわたり、民家の前も丁寧に清掃しました。

私の姿を見られた民家の人は、「校長先生が自らしてくださって申し訳ありません。私たちにとって学校の樹木は、美しい新緑に酔い、厳しい暑さに涼を呼び、樹木のおかげでよい思いをしているのですから」と、私が赴任前とは逆に、好意的な言葉が返ってきました。

それから数日後、いつものように朝７時ごろに出勤しますと、どなたかが学校内まで磨いたようにきれいに清掃してくださっていました。その翌朝にお礼を言いたいと思い、６時に出勤しましたが、既に終わっていました。

児童朝礼でこの話をしたところ、校門の前のお年寄りの方が、校長先生へのお礼にと、朝５時ごろから清掃してくださっていました。地域との信頼関係を築く心の宝物が落葉の中にも隠されていました。

⑶　学校周辺の家庭への校長の手紙

私は、転任・退任時や学校行事や学校の節目ごとに、学校周辺の家庭を中心に、平素の学校への支援のお礼として手紙を一軒一軒手渡しながら約600軒を配って回っていました。その中には「運動会への招待と騒音のお詫び」もありました。第２章の第１節「9」に関連記事を載せています。

⑷　地域社会と学校行事

地域との信頼関係を深める機会に運動会や学習発表会等の学校行事もあります。この日を地域の人々は大変楽しみに待っておられます。お年寄りの方は格別なものがあります。子ども一人ひとりの健やかに成長している姿を観て、我がごとのように喜んでくださいました。上記の「音楽会」もその一例です。

6.　全国的にもまれな理想的な「学校・家庭・地域社会との連携」～いじめ・不登校を生まない土壌づくりのために～

1）やすらぎを抱く学校環境と言語環境の整備

大人と子どもは支援する者と支援される者として、立場は異なります。しかし、人格を持った存在としては全く同じです。子どもをかけがえのない人格を持った存在として対応することが求められます。挨拶一つにしても形式化されていないでしょうか。

私は「おはようございます」という言葉も子どもの人格への挨拶となるよう心掛

けています。言葉は単なる音声だけでなく、人間の在り方・生き方の問題と深く関わっています。大人の言葉の一つひとつが子どもに「愛語」として響くものになりたいものです。

今、社会問題として、いじめ・不登校等の問題があります。私は校長としてどの学校でも、いじめ・不登校を生まない土壌づくりを目指して、様々な取組をしてまいりました。その取組の根底には、言語環境の整備があります。

誠実な言葉は相手の人格を尊重し、相手の心を温かいものにします。そこにはいじめ・不登校を生む要因となるものは何一つありません。このことに着目し、子どもたちにとって「良い言語環境」となるよう力を入れてまいりました。いじめ・不登校とも縁のない、子どもたちにとって心の底から楽しいと実感できるような「やすらぎを抱く学校環境」にしたいと思いました。そのためには、お互いの人格を尊重し、相手を思いやる心のこもった「誠実な言葉の輪」を学校から家庭へ、家庭から地域社会へと広げ、深めていくことが必要であると思い実践しました。この結果、いじめ・不登校とは縁のない学校・地域社会となりました。このことについては、第２章の第１節２の「言語環境」を参照してください。

2) いじめ・不登校を生まない土壌づくりのための学校の取組

いじめ問題は、それが深刻なものであればあるほど、発見されにくいものがあります。いじめを受けた子どもは、心と人格を著しく傷つけられるばかりか、かけがえのない命まで奪われてしまうものがあります。また、不登校についても「どの子にも起り得ること」であり、不登校の状態に至った子どもや保護者・家族の苦しみは大きいものがあります。

万一、いじめや不登校が起きた時には、その態様により対応の仕方が異なります。そこで、「態様別の対応の仕方」を具体的にフローチャートに作成し、学校挙げて、早期に対応できるよう、指導体制を整えました。その際、子どもの人権やプライバシーに配慮しながら保護者・地域住民が一体となって総力を挙げて対処していくことが必要であります。次のような基本的な考え方を踏まえて取り組んでまいりました。

①お互いに思いや願いを素直に表現し、誠実に受け止め合うことのできる人間関係を育成し、「やすらぎを抱く教育環境」として学校づくりの推進につとめること。
②学校教育全体を通して、お互いを思いやり、生命や人権を大切にする態度を育成し、生きることの素晴らしさや喜びを実感できる場の設定と指導の充実を図ること。
③カウンセリングマインドを基本に教育相談の充実、いじめや不登校の問題について指導体制の充実を図ること。
④子ども一人ひとりに視点を当てて、「教育課題」を見付け、家庭や地域社会と密接に連携して、問題解決に取り組むとともに、「ふれあい」の場を広げていくこと。

3）理想的な「やすらぎを抱く教育環境」としての学校・学級づくり

⑴　本校の求める学校・学級の姿

子どもにとって毎日の学校が楽しいと感じられる学校・学級とは、どのようなものでしょうか。日常の子どもの様子や、年２回実施している「いじめの問題に関する子どもの意識調査」を基に現状を分析し、本校の求める学校・学級として次のような姿が生まれました。

私たちが目指すものは、子ども一人ひとりにとって「やすらぎを抱く教育環境」としての学校・学級です。それは、教師と子ども、子ども同士が、愛と承認に基づいた信頼関係で結ばれ、自分の思いや願いがいつでも自由に語ることができる学校・学級です。つまり、弱さを含めてまるごとの自分を出しても受け止め合える学校・学級ということであります。その中でこそ、子どもは「自分らしさ」を見失うことなく、仲間の力に信頼を置いて共に行動していこうとする姿を見せるようになると考えました。こうした環境が保障されずに、個人の心の中や人間関係に屈折した思いや歪みが蓄積していった場合は、それがいじめや不登校を生む背景となる恐れがあります。子ども一人ひとりの個性を生かしながら望ましい社会的自己実現を支援していくためには、「やすらぎを抱く学校・学級づくり」を進めていくことが必要不可欠です。

⑵ 「やすらぎを抱く学校・学級づくり」を目指して

やすらぎを抱く学校・学級づくりを進めるためには、まず、日ごろからお互いのよさに目を向け合い、支持的な風土を築いていくことが必要です。次に、何か問題があればすぐに話し合いによって解決していくという経験と話し合いによって解決できた喜びを、低学年段階から積み重ねていくことが必要です。

つまり、友達や教師から自分のよさを認められたり、「自分たちの手で解決した、実現した」という充実感を味わったりする体験を、様々な場面で数多く積み重ねることができるよう、支援していくことです。そのような体験の機会と場の設定のために、学校行事を見直し、改善を図るとともに、PTA 会長様、PTA 副会長様、PTA 役員様、町内会長様など家庭・地域社会が一体となって学校・家庭・地域社会との連携を密にする取組が必要です。

⑶ 「いじめに関する児童の意識調査」とその分析

いじめ・不登校を生まない土壌づくりのためには、子どもの実態を様々な角度から把握し、適切な指導が必要です。そのために「いじめに関する児童の意識調査」を実施しました。その時、その場での子どもの実態を把握するとともに、発達段階を追跡して、意識の変容を調べることにより、実態の明確化を図りました。この調査を通して、本校の「教育課題」を設定しました。また、この調査を通して、学級活動、学級懇談会や地域懇談会等で活用することにより、子ども・教師・保護者・地域住民の総力を挙げて、いじめや不登校を生まない土壌づくりのための気運の醸成につなげました。

○「いじめに関する児童の意識調査」(高学年用)

以下のことについて、それぞれに小問を幾つか設定し、多岐にわたる児童の意識とその変化も調べました。(以下詳細は省略)

A「つらい思いの経験のある子ども」について

B「つらい思いをさせた経験のある子ども」について

C「いじめを見ていた経験のある子ども」について

D「学校がやすらぎを抱く環境となっているか」について

○調査結果の分析

その年度の意識調査と追跡調査の二面から各学年の各設問における分析をもとに、考察し、各学年の「教育課題」を取り出しました。(省略)

4) 全国的にもまれな理想的な「学校・家庭・地域社会の取組と連携」

いじめ・不登校を生まない土壌づくりを目指して、その効果をあげるために、学校での取組の輪を家庭へ、さらには、家庭から地域社会へと広げたり、深めたりしていきました。全国的にもまれな、理想的な学校・家庭・地域社会の取組となりました。その取組の一連の流れの概略は次の通りです。

⑴　５月　保護者学級懇談会

年度当初の５月の保護者学級懇談会では、「ある中学生のいじめによる自殺」という痛ましい事件の新聞記事をもとに、学級用の懇談会資料を作成しました。その内容は、事件の概要（新聞記事をもとに)、いじめをどのように考えるか、家庭における「いじめ発見法」などを紹介したものです。また、「いじめ」に対する学校の見解だけでなく、１年間かけて学校が取り組む資料を提示しました。教職員が校内研修で確認した研究主題「自分と友達の思いや願いを大切にする人間関係の育成」について保護者にも理解していただき、共に努力していくことを確認しました。

⑵　６月　教育後援会でのパネルディスカッション
～いじめや不登校を生まない土壌づくりを目指して～

６月には、校長の提案により「いじめや不登校を生まない土壌づくりを目指して」という題で、本校の子ども一人ひとりに視点を当てて、パネルディスカッションを開催しました。パネリストとして、校長と保護者代表にPTA役員様２名を加えて、岡山市児童相談所や地域の中にある児童センター、保育園などの関係機関からも３

名を迎えました。今までの講演会にない多数の保護者や地域住民の方々の参加を得て、予定の1時間30分より30分超過したにも関わらず誰一人として中座する人もなく、真剣で、熱心な討論となりました。

PTA研修部長様による閉会の挨拶では、知人の大学生の自殺を例にとり、その学年に本日の討論で中心となった「心が通じ合い、信頼できる人が1人でもいたならば、『やすらぎを抱き』、悲惨な結末にはならなかったのではないか」と号泣し、現在の本校の子どもの生き生きした姿に感謝されながら幕を閉じることができました。まさに感動的な会となりました。保護者や地域住民の方々から意義ある会ができたと称賛の声や多くの感想が寄せられました。

この教育後援会が子育てを見直す機会となり、その盛り上がりが、PTA会長様・副会長様・役員様など保護者からの強い要望として、「7月の保護者学級懇談会」の内容へと発展していきました。

(3) 7月　保護者学級懇談会

7月の保護者学級懇談会では、パネルディスカッションの内容から、いじめを人権という観点から考え、「家庭における子どもの人権が守られるとはどんなことか」について、学級一人ひとりの子どもに視点を当てて、身近な事例を出し合い、話し合いました。

(4) 9月　PTA運営委員会

学級で話し合った事例を「9月のPTA運営委員会」に持ち寄り深めました。この輪をさらに地域社会に浸透していくために10月の地区協議会へと発展していきました。

(5) 10月　地区協議会「～共に考えよういじめ問題、傍観者であってはならない～」

10月の地区協議会では「共に考えよういじめ問題、傍観者であってはならない」について、地域の子ども1人ひとりに視点を当てて、地域内の保育所、幼稚園、小学校、中学校、高等学校等の教職員や保護者、地域住民の人々の参加のもとに、協議しました。協議に先立ち、映画「いじめ」を視聴しました。

(6)　10月　保護者学級懇談会

10月の保護者学級懇談会では、映画「私たちと人権」を視聴し、「子どものすこやかな成長を願って～子どもたちの人権が家庭の中で守られている生活とは、どんな生活をいうのでしょうか～」について考えました。「子どもたちの人権が守られている状態」について学級内で話し合われたものを整理し、「子どもたちを守るために家庭で気を付けたいこと」として、全家庭に配付しました。

(7)　10月　教職員による校内研修会

10月の教職員による校内研修会では、「子どもの人権を守るために気を付けたい学級経営」について話し合い、それをまとめて、全教職員に配付し、指導の徹底と指導の深化を図りました。

(8)　12月　人権週間

12月の人権週間では、今まで、大人が研修してきたことを「本校に視点を当てて」子どもの側から人権について考えさせ、まとめました。この輪をさらに広げ、1月の「地域懇談会」に繋げました。

(9)　1月　地域懇談会

1月の「地域懇談会」では、地域の一人ひとりの子どもに視点を当てて、いじめ・不登校を生まない土壌づくりについて協議されました。地域での「親子ふれあい活動」を今まで以上に取り入れることが計画されました。

このように学校・家庭・地域社会が総力を挙げて取り組み、学校が子どもにとって楽しく、やすらぎを抱く教育環境となるよう、努力してまいりました。この取組以来、子ども同士の喧嘩も完全になくなり、いじめ・不登校等とは全く縁のない学校・家庭・地域社会となりました。このような学校・家庭・地域社会の取組としては、全国的にもまれな、まさに理想的なものとなりました。ここではその取組の一端を紹介いたしました。

5) 教育後援会でのパネルディスカッション
〜いじめや不登校を生まない土壌づくりを目指して〜

PTA会長から、校長の私に教育後援会での講演講師の依頼がありました。私は、常々、いじめや不登校を生まない土壌づくりのためには目の前の子どもに視点を当てて、学校と保護者と地域住民の方々とが、本音で話し合い、共に連携して、一体となり同じ歩調で取り組むことが必要であると考えていました。いじめをテーマにした討論は、県や市単位等で行われるが、学校単位のものは、避けてとおる傾向があります。いじめ・不登校については、身近なものでないと話の内容が一般論で終わり、具体的な形で生きて働くものにはなりにくいものがあります。これでは本当の価値が現れません。

今こそ、いじめや不登校のある学校はもちろんのこと、そうでない学校も、それぞれの学校に視点を当てて、実践すべきです。校長は逃げてはいけません。自らもシンポジストとして、登壇し、意見を述べるべきです。そのような校長が一人でも多く、現れることを期待しているところです。いじめ問題・不登校を皆無にできるかどうかは、校長の行動に掛かっています。

この会の評価を2つの面から調べました。その1つが、参加者の感想です。2つ目が会の前後での保護者の意識調査です。これらからも、本校が実施したシンポジウムは大きな効果があったことが実証されました。

(1) 保護者・地域社会の人々の感想

保護者等から多くの感想が寄せられました。それぞれが参考になるものばかりでした。1つとして否定的なものはありませんでした。いままで毎日校長が子どものために努力したことを評価していただいたものが多くありました。感想文約350枚の中から無作為に5枚を抽出したものを紹介します。

○誰もが何らかの形でいじめに遭遇しているものだと思いました。家庭での子どもに対しての愛情の出し方、とらえ方によって随分変わってくるのではないかと思います。学校での生活を「やすらぎを抱く教育環境」にしたいという平岡校長先生のお話をお聞きし、共感するとともに、感謝申し上げます。私の子どもは２年生になって、平岡校長先生が本校に来られてから、友達とのいじめのことを言わなくなりました。今日のこのシンポジウムの中での平岡校長先生のいじめ・不登校をなくするための強い決意と様々な取組をお聞きし、子どもが言わなくなった訳がよくわかりました。我が子も学校が楽しい場所となっていることに改めて感謝した次第です。

○今日の会は、今までの教育後援会にない内容と迫力がありました。それも私たちの学校の子どもに視点を当ててのことであり、内容も身近であり、パネリストとしてもみんな関係者であり、そのひとことひとことがすべて私たち聞く者にとって身近に感じられるものばかりで、聞く人も真剣そのものでした。「いじめの問題」も深刻ですが、それによって命を落とす…。命の尊さや死とは何かということを考えさせるような生命教育も同様に重視すべきだと感じました。現代の子どもは自殺を正当化したり、自己表現の１つと言いながら安易に考えすぎたりしているように思います。自殺は決して許される方法ではないのに…。

○シンポジウムでの話を聞いて本当に良かったです。大人も子どものために自分や他人を理解し、認め合い、愛し合わなければならないことを改めて自分の心に問いました。このような講演をもっと聞きたいと思いました。ただ、これを言ってはおしまいかもしれませんが、学歴社会、受験戦争などは、子どもたちのストレスのもとになっていて、この問題は、すぐに変わるものではありません。差別、偏見を止めようと言いながら、この仕組みを常識とばかり崩そうとしないのも大人たちです。「みんなと同じように、目立たないように生きろ」というのではなく「それぞれが違う自分を素直に表現して生きろ」という勇気が親に必要であると思います。しかし、私にそんな強い意志があるかというと不安です。

○人間として、いじめは絶対に許されないということを子ども一人ひとりに徹底させることの大切さや、いじめを囃し立てたり、傍観したりする子どももいじめの行為として許されないことの意味が良く分かりました。また、いじめを大人に伝えることは正しい行為であることをわが子に徹底させたいと思いました。

○平岡校長先生が、本校に来られて以来、いじめも不登校もなくなり、子どもたちが生き生きとした楽しい学校生活をしていることに感謝申しあげます。
今日の平岡校長先生のお話をお聞きし、普段の校長先生の子どもを思う心からの行動を思うと納得行くことばかりでした。今日のこの会が今後も学校・家庭・地域社会などが持ち味を生かし、一体となって真剣に取り組むことが必要であることが良く分かるものになりました。私も微力ではありますが、頑張って参りたいと思いました。

(2) 事前・事後の意識調査とその変容

シンポジウムの際に幾つかの意識調査をしました。ここではその２つだけ紹介します。「シンポジウムを視聴して、いじめや不登校を無くさなければという意識が変わりましたか。」「変わった」では、統計的な検査を待つまでもなく、100％の人が「意識が大きく変わったこと」が判明しました。また「本校は、これからもいじめを無くすることができると思いますか。」「できる」についても統計的100％の確率で保護者が変わったことが分かりました。

6) １つの提言～それは、「学校経営コンサルタント」の配置を～

学校においては、いじめや不登校をはじめ学校改善に最も力を発揮できる立場にあるのが校長であります。しかし、いじめや不登校の対処の事例を見ても、校長の存在感が薄いという指摘があります。そればかりか、いじめや不登校等の問題は生徒指導主事や学級担任などに任せきりで、自校のいじめの存在や不登校児童生徒数すら把握していない校長が見られることも指摘されています。自校にいじめや不登校等の生徒指導上の問題があることは、校長の責任でもあります。自らの責任と感じて、その対応に努力すべきものです。確かな教育理念のもとに、溢れる教育愛と情熱を持って、学校経営に当たる校長の姿は実に美しいものがあります。

ここで、私は1つの提言をさせていただきます。それは、校長の日々の学校経営や学校が抱えている課題解決に助言したり、指導したりすることができる立場の「学校経営コンサルタント」を学校に配置することです。それには、教育に情熱を持ち力量を備えた退職校長さんを当てることです。1人のスクールカウンセラーが複数の学校に対応していると同じように、学校経営コンサルタントも複数の学校に対応する形で配置したらいかがでしょうか。学校経営コンサルタントが機能を発揮した時、学校は必ず蘇ると思います。これが、課題が山積した学校の現状を救う最短でしかも最善の道であると思いますが。（平成13年8月提言、総務省統計局「統計情報」8月号から）

7. 学校と家庭と地域社会との連携の成果

前述しましたように、校長として転勤したどの学校でも、赴任3年目には私の目指す理想的な学校ができました。学校と家庭と地域社会との連携の成果の一端として、全日本健康教育推進学校（朝日新聞社主催、文部省・厚生省後援）として、「心とからだの健康教育」で全国優秀校（大規模校の部第1位）「すこやか賞」を、前任校での校長のときの全国優秀校（中規模校の部第1位）「すこやか賞」と同じように受賞することができました。

この表彰に当たって、中央審査委員会座長の河野重男先生の「審査を終えて」の中で、「岡山県M学校は、岡山駅に近い大都市型の環境にあります。校長が地域との協調を熱心に図るなど努力を重ね、地域との連携は都会には珍しいほどよいといえます。このような学校は初めて見聞しました。……」とコメントしてくださっていました。これも全教職員が私の学校経営方針を理解してくださり、みどり会会長様、PTA会長様、PTA副会長様、PTA役員様、町内会会長様など保護者・地域住民の皆様が一体となって学校と家庭と地域社会とが連携して、子どもにとって「やすらぎの学校環境」を求めて、がんばってくださったおかげでもあります。

保護者・地域住民の方々の喜びは大変なもので、その象徴が学校の中庭に記念碑を建立して永遠に残していくことへと繋がりました。

この記念碑は子どもにとって永遠に光輝くことでしょう。大人になって学校を訪れたとき、この記念碑の前に立ったとき、子どもたちはこの記念碑に何を語るであろうか、また記念碑は子どもたちに何を語るであろうか。楽しみでございます。

8. 地域社会からの校長への支援のお礼とまとめ

終わりに、私がＭ学校長の時、地域の方々からどんなに心温まる支援を受けたか、その一端を、Ｏ学校転任でのあいさつを学区の機関誌に載せていただいたものを抜粋して紹介にかえさせていただきます。

—地域の皆様の温かい御支援により「教師冥利に尽きる」という言葉を実感しながら、毎日楽しく努めさせていただいた３年間でありました。ありがとうございました。—

昼間の厳しい残暑も夜の虫の奏でる美しい音色に涼を呼び、秋を感じるこのごろでございます。地域の皆様いかがお過ごしですか、お伺い申し上げます。私は４月１日付けでＯ学校に転任いたしました。Ｍ学校在職中は大変お世話になりまして誠にありがとうございました。

地域の皆様の温かい御支援により「教師冥利に尽きる」という言葉を実感し、毎日楽しく、感謝しながら努めさせていただいた３年間でありました。（中略）Ｍ学校に赴任したとき、地域の多くの方々から心温まる歓迎を受けたのが昨日のように思われます。私は二十数年前にＩ中学校で数学教師として７年間勤務させていただきました。我が故郷へ帰ったつもりでＭ学校の子どもたちの幸せのために、校長として最大限の努力を行動を通して実践してまいりました。このような学校になりましたのも、大きな力になってくださった中の１つに、Ｉ中学校で私が学級担任・数学担当した学年の生徒で、現在は保護者であるグループたちでした。私がＭ学校を去るにあたっては、そのグループが中心となり100名を超える盛大な送別会を開いてくださいました。台風で暴風の悪天候の中でこのように多くの方々の御出席の中で開いてくださいました。この人たちのグループは歓迎会も何度もしてくださり、多い時は200名を超える人数で、少ない時は10名ほどの人数で度々してくださいました。学校での様々な事に対して側面から私を応援してくださいました。ありがとうございました。

私がＭ学校で子どもの幸せを一途に願い全力投球できましたのも、家庭や地域社会の皆様の多くの支えや保護者グループの方々の支えがあったからでございます。毎晩学校の警備をしてくださった方、校門の欅の落葉を早朝暗いうちから清掃してくださった方、トイレが臭うからときれいに磨いてくださった方、登下校の交通の危険な場所に立って交通指導してくださった方、風邪を引いたらこの薬をと健康に気遣ってくださった方、困ったときは何でもいってほしいといつも勇気づけをしてくださった多くの方々。これはほんの一例で、言葉で言い尽くせないほどの多くの方々から公私にわたり心身両面からの御支援を賜わりました。３年間で私がいただいた温かい手紙は600通をはるかに超えました。校長として地域の方々から私ほど温かい御支援を受けた者は少ないと思います。これは「心とからだの健康教育」の実地審査のために東京から来校された中央審査委員６名の方々、全員の言葉でもありました。(中略)

Ｍ学校では、前任校に続き校長として二度にわたり、「心とからだの健康教育」で全国優秀校「すこやか賞」受賞の機会に恵まれるなど数々の私の生涯の宝となる貴重な体験をさせていただきました。地域住民の方々の温かい心に支えられ、校長として理想の学校経営もできました。今、Ｍ学校は全国に誇れるすばらしい学校であります。まさに、全国一の学校であります。(後略)

また、盛大な送別会をしてくださった学校に校長３校目のＯ学校があります。

おしまいに、関係各位へのお礼を込めて簡単なまとめをさせていただきます。

校長１校目のＳ学校長としての赴任は誠に急なものでした。全国市長村長会副会長であるＳ学校地域の首長様が辞令内示の前日、知人の岡山県教育委員会の方々や校長先生方に「今、岡山県教育委員会の中で最も力量のある人物」を尋ねられ、全員の方から推薦されたのが私だったそうです。

その時の私はある教育次長級の方の「出来れば将来自分の後任に推薦したい」と

の考えから教育委員会のあるポストに内定していたのですが、上述の経緯で急きょS学校に転出することになりました。この経緯は、地域のある会で首長様が参加者に話され、実情を知ったところでした。

この首長様は教育を最優先する方針により、議員の給与を半分にし、全国に類を見ないような学校施設の充実を図っておられました。そこにS学校の教師の体罰が問題となり、教育環境整備には校長の力量が大きいと考え、熟慮の末の苦渋の選択として当時のような行動に出られたとのことでした。

S学校に赴任してからの私は、こうした首長様や地域の方々からの期待に応えるため前述の「やすらぎを抱く教育環境の創造と実践」を通して、赴任から2カ月経たないうちに全ての問題を最善の形で解決しました。体罰を繰り返していた教員は1カ月半の個人指導と教員への全体指導により、立派な教員となりました。これらの取り組みの成果として「心とからだの健康教育」での日本一をはじめ全国規模や岡山全県規模の数多くの賞を受賞しました。このことは首長様はじめ議員様・教育長様・PTA会長様・地域の方々から大変喜んでいただきました。ここでの取り組みは本論の第2章第1節「環境は人を創り、人は環境を創る」に載せています。

2校目のM学校へも教育次長級に赴任予定のところ急きょ勤務することになりました。ここにはいじめや多数の不登校はじめ、学級崩壊などの問題が長年山積していました。私はこの学校でも力量発揮の場が与えられたことに感謝し、「やすらぎを抱く教育環境の創造と実践」を通して、赴任から2カ月も経たないうちにこれら全てを解決しました。前述の通り3年目には「心とからだの健康教育」で日本一になりました。

3校目のO学校へは、岡山県教育委員会への復帰が年齢的に無理なことを知られたある市の教育長様が「自分の後任に推薦したい」と将来を期待して中学校長に赴任の予定だったところ、急きょある力が働いて勤務することになりました。ここには、いじめ・不登校の他にPTAの問題などもありましたが、ここでも新たな力量発揮の場が与えられたことに感謝し、「やすらぎを抱く教育環境の創造と実践」を通して全て良い方向に解決しました。

私の校長赴任時のようなことが4校の国公立中学校教諭時代にも毎年のように何

度もありました。その当時岡山県教育委員会や岡山朝日高等学校はじめ多くの県立高等学校などからお誘いがあることを関係者から耳にしていました。当時の中学校は生徒指導が大変な時代でした。しかし、私はどの学校でも「やすらぎを抱く教育環境の創造と実践」を通して保護者や生徒から信頼され、充実していたので、高等学校への転出はさせてもらえませんでした。特に研究では、魅力ある数学教育に専念し、どの学校でも毎年岡山県代表として何度も全国研究大会で発表したり何度も専門誌に掲載されました。「日本の数学教育界の三羽烏」と言われ、29歳の若さで「世界数学教育者会議」に出席するなど日本数学教育界の発展に貢献しました。とりわけ県内で生徒指導が最も困難と言われた学校に赴任した７年間は充実したものでした。生徒や保護者から尊敬され、毎日楽しく授業や研究に専念できました。当時の生徒や保護者の皆様とは今でも親交を温めています。そして、この経験はＭ学校で生かされました。

ある時、佃 幸男岡山高等学校長先生（前岡山朝日高等学校長・元岡山県教育センター所長）から「平岡先生は何でもできるから、皆んなが欲しがり大変でしたね。定年退職したら今まで以上にもっと忙しくなると思いますよ。様々な大学等が首を長くして待っておられます。頑張ってください」と労いと励ましの言葉をいただきました。

３校の校長や４校の国公立中学校教諭として全ての保護者の方々が厚い信頼を寄せてくださり、共に過ごした全ての子どもたちが心身共に健康で良い方向に育ってくれました。そのことに貢献できたことが大変ありがたく、「何よりも勝る宝物」をいただいた心境で定年退職を迎えました。ただ、岡山県内の小・中・高等学校には長年にわたるいじめ・不登校をはじめとした数々の生徒指導上の問題がいまだ山積しています。県内全体の学校に貢献できなかったことは、誠に申し訳なく、残念で心残りでした。

Ｏ学校を定年退職した平成12年３月31日にはPTA役員様のお計らいにより、学区連合町内会長様をはじめ多くの団体の会長・会員の皆様にお集まりいただき、盛大な送別会を開催していただきました。その際は多くの方々から車に積みきれないほどの胡蝶蘭や花束を贈っていただきました。心より厚くお礼申し上げます。

第３節　大学での「いじめ・不登校への対応」の授業の創造

私が大学に勤務し、20年間の中で、毎年、何度もいじめ・不登校の授業を教職論、生徒指導・進路指導、特別活動等の中で実践しました。その当時、私は大学で、多くのクラスを担当していましたので、大学でのいじめ・不登校の授業は全国的にも最も多く行っていたのではないかと思います。ここでは「大学での『いじめ・不登校への対応』の授業の創造」の一端を述べさせていただきます。

今後は、いじめ問題が発生した時に中心となって行動が期待されるのが、前述の「いじめ防止対策推進法第22条」により設置された「学校いじめ対策組織」のメンバーの方々であります。いじめ・不登校は「だれでもどこでも起こり得る」ものです。どんな小さないじめも不登校も初期段階から見過ごさない姿勢を共有することが求められています。その際、組織の機能を十分に発揮するとともに、校長のリーダーシップが今後の課題であります。

なお、ここでも、大切なことは何度も繰り返し述べたり、よく御検討をいただくために、あえて曖昧な表現をしたりしているところがありますことをお許し願いたいと存じます。

1．不登校への対応

1）事例から学ぶ不登校への対応（演習）

⑴　事例の概要

小学校時代のＡ男は、友達も多く、明るく活発な少年であった。サッカーが得意で、スポーツ少年団にも所属し活躍していた。学年が進むにつれて、学校、スポーツ少年団、学習塾と忙しくなってきたが、自分なりに精一杯がんばっていた。学級ではリーダー的存在で、参観日や学習発表会、体育大会など様々な学校生活の場面で活躍していた。保護者にとっては、このように活躍するＡ男が自慢の種であり、将来へ大きな期待をかけていた。

中学校へ入学後も、サッカー部に所属し、運動にも勉強にも意欲的に取り組んでいた。しかし、５月の連休が過ぎた頃から、休み明けの月曜日などに欠席が続くようになり、週に１、２日ほど欠席するようになった。また、登校しても、養護教諭に頭痛や疲労等を訴え、授業に参加せず、保健室で過ごすことが多くなってきた。勉強にも次第に身が入らなくなり、宿題もほとんど出さずに、成績も下がってきた。Ａ男は学校を欠席した日には、家の中でテレビを見たり、ゲームをしたり、漫画を読んだりして過ごしていた。友達に誘われると、時には好きな魚釣りに出かけることもあった。保護者はこうしたＡ男の様子を見て心配しつつも、強く促さないと登校しないＡ男の態度に不安やいらだちを感じていた。また、勉強する意欲を見せないことにもしっかり勉強するように励まし続けていた。

⑵　Ａ男の学級担任等と想定しての対応策の考察

あなたがもし、Ａ男の学級担任であったら、どのような対応をしますか。次の点についてその対応策をまとめてみよう。

１　①私と不登校との関わり　②学級担任としての望ましい対応　③学年・学校全体等としての望ましい取組　④まとめ（事例から不登校の対応で最も大切なことは何か）

２　各自の考えをまとめる。

３　班内で討論してまとめ、次時のシンポジウムに備える。

班内で司会者、書記を決めてグループ討論し、まとめます。次時の全体での各班代表者（シンポジスト）によるシンポジウムに備え、シンポジストを選びます。

2)　学生による「事例から学ぶ不登校への対応」についてのシンポジウムの開催

⑴　開会挨拶から、閉会挨拶までのすべて学生が実施

開会挨拶から、コーディネーターによるシンポジストの紹介とシンポジウムの説明、各班の代表者によるシンポジウム開催、コーディネーターによるシンポジウムのまとめ、質疑応答、講評（２名）、指導講評（２名）、閉会挨拶まですべて学生が実施し、シンポジウムを開催します。

なお、シンポジウム開催に当たっては、２週間前に学長、学部長、教職関係者などの来賓への案内状を学生が持参し、御臨席を依頼する。来賓が御臨席の場合は、事前に、指導講評をお願いする。

(2) 招待状の概略

○年６月11日

○大学学長　様
○大学学部長　様
○大学教職関係者　様

○年度前期「生徒指導・進路指導」受講者一同

学生による「不登校への対応」のシンポジウムの開催について（御案内）

このことについて、次により「不登校への対応」のシンポジウムを開催いたします。皆様には公務御多端なこととは存じますが、御臨席いただきまして、御指導・御鞭撻を賜りますよう、御案内申し上げます。

なお、シンポジウムは「学生の、学生による、学生のためのシンポジウム」をモットーとし、学生にとって実り多いものとなりますよう、事前に十分に準備をして臨みたいと存じます。

記

1　日　時　　○年６月25日　9：30－10：50
2　会　場　　○大学○番教室
3　協議題「不登校への対応『事例の概要』」
　①私と不登校との関わり　②学級担任としての望ましい対応　③学年・学校全体等としての望ましい取組　④まとめ（事例から不登校の対応で最も大切なことは何か）
4　シンポジウム
　(1) コーディネーター　学生○○○○
　(2) シンポジスト
　　学生（1班代表）○○○○　学生（2班代表）○○○○
　　学生（3班代表）○○○○　学生（4班代表）○○○○
　　学生（5班代表）○○○○
5　この会の進行等は自薦・他薦により次の係に当たります。
　①総合司会　②開会挨拶　③コーディネーター　④講評（2名）
　⑤指導講評（来賓の方）　⑥閉会挨拶

なお、シンポジスト以外の方からも適宜、質問や意見等を求めますので、全員がシンポジストのつもりで準備しておいてください。

＊この続きは、「不登校への対応」を学習してから、「6『1の事例』に対して学級担任等がA男にとった対応と不登校への望ましい対応の在り方」で説明いたします。皆さんも学生や来賓者になったつもりで、考えるとともにシンポジウムも自作自演してみましょう。

3）不登校児童生徒への対応の在り方

(1)　不登校に関する定義と基本指針の変遷

不登校は「何らかの心理的、情緒的、身体的あるいは社会的要因・背景により、登校しない、あるいはしたくともできない状況にあるため年間30日以上欠席した者のうち、病気や経済的な理由による者を除いたもの」と定義されています。不登校が注目され始めたのは昭和30年代半ばで、当初は学校に行けない児童生徒の状態は「学校恐怖症」と呼ばれていました。ところが、その後、学校に行けない児童生徒が増加し、教育問題として注目され始め、呼称は「登校拒否」へと変化しました。昭和60年代頃までは、神経症的な不登校が中心で、登校時間になると頭痛や腹痛になり登校できない葛藤を抱える児童生徒が多く見られました。こうした状況を理解し対応するために、「登校拒否問題への対応について」の中では、「不登校はどの子にも起こりうる」という視点と、「やみくもに登校刺激を与えるのではなく、待つことが大切」ということが強調されました。

一方、その後も不登校の数が増え続けると同時に、不登校の原因や状態像も多様化していくなかで、神経症的な不登校に対しては「待つこと」も必要であるが、ただ「待つ」のみではなく、不登校の児童生徒がどのような状態にあり、どのような支援を必要としているのかを見極め、個々の状況に応じた適切な働きかけや関わりを持つことの重要性が指摘されるようになりました。

「待っていてはいけないケース」として、例えば、いじめから不登校になったケースや、不登校の背景に虐待が隠れているケース、発達障害から生じる二次的な問題に起因する不登校のケースなどが挙げられます。

初期対応の遅れから欠席状態が長期化すると、学習の遅れや生活リズムの乱れなども生じて、その回復が困難になる場合も少なくありません。そのため、予兆への対応を含めた初期段階から、段階ごとの対応を整理し、組織的・計画的な支援につながるようにすることの必要性が強調されました。

(2) 不登校に対する基本的な考え方

① 将来の社会的自立に向けた支援の視点

ア　不登校の解決の目標は、児童生徒が将来的に精神的にも経済的にも自立し、豊かな人生が送れるよう、「社会的自立」に向けて支援することにあります。

イ　不登校は「心の問題」のみならず「進路の問題」であるとの認識に立ち、各学校は、進路形成に資する学習支援や情報提供等を積極的に行うことが重要です。

② 連携ネットワークによる支援

ア　不登校への対応に当たっては、多様な問題を抱えた児童生徒に、態様に応じたきめ細かく適切な支援を行うことが大切です。そのためには、児童生徒の状態や必要としている支援を適切に見極め、適切な支援と多様な学習の機会を提供することが重要です。

イ　社会的自立に向けての進路の選択肢を広げる支援のために学校、地域社会、家庭で密接な連携をとることが重要です。

ウ　学校や教育行政機関が、多様な学習の機会や体験の場を提供する民間施設等との積極的な連携・協力が重要です。

③ 将来の社会的自立のための学校教育の意義・役割

ア　不登校対応の最終的な目標である児童生徒の将来の社会的自立を目指す上で、義務教育段階の学校は、社会性の育成や生涯を通して学び続けるための学力を育てる学習支援の場として、重要な意義・役割があります。

イ　学校・教育関係者は、すべての児童生徒が学校に自己を発揮できる場があると感じ、楽しく通うことができるよう、学校教育の充実のための取組を展開することが重要です。

ウ　児童生徒が不登校のきっかけとなった問題等には学校生活に起因するものが多くあることを、危機意識を持って認識し、教職員一人ひとりの最大限の努力が必要です。

④　働きかけることや関わりを持つことの重要性

ア　主体的な社会的自立や学校復帰に向けて、周囲の者が状況をよく見極め、適切な「働きかけ」をすることが重要です。

イ　児童生徒の状況を理解しようとすることもなく、必要とする支援を行わずにただ待つだけでは状況の改善にはなりません。

⑤　保護者の役割と家庭への支援

ア　保護者がその役割を果たすことができるよう、時機を失することなく児童生徒や家庭へ適切な働きかけを行うなど、学校と家庭、関係機関との連携を図ることが不可欠です。その際、保護者への働きかけが保護者を追い詰めること等がないよう、保護者との共通する課題意識の下で対応することが大切です。

イ　保護者の支援のために気軽に相談できる窓口や保護者同士のネットワークづくりへの支援、さらには、保護者と学校関係者等が相互に意見交換する姿勢も大切です。

4）不登校児童生徒に対するきめ細かな柔軟な対応

⑴　教員を支援する学校全体の指導体制の充実

校長の強いリーダーシップの下、副校長や教頭・学級担任・生徒指導主事・教務主任・学年主任・養護教諭・スクールカウンセラー・相談員などによる「不登校対策委員会」が日頃から連携し、一致協力して対応に当たるようにすることが大切です。

⑵　「不登校対策委員会」の役割の明確化

「不登校対策委員会」の中から、主任不登校担当者を置き、校内における連絡調整、児童生徒の状況に関する情報収集、個別指導記録等の管理、学校外の関係機関との連携協力のためのコーディネート等を行う教職員を明確に位置付けるようにします。

(3) 教職員の資質の向上

教職員は児童生徒に対する自らの影響力を常に自覚して指導に当たるようにします。また、初期での判断を誤らないよう、関連する他の分野、例えば、精神医学、学習障害（LD)、注意欠陥 / 多動性障害（ADHD）等の基礎知識等も身に付けることが必要です。

(4) 養護教諭の役割と保健室・相談室等の環境・条件の整備

児童生徒が状況に応じて学校生活に適応する努力をしやすいよう、保健室、相談室等、学校内の「居場所」を充実させることが大切です。

(5) スクールカウンセラー等との効果的な連携

スクールカウンセラーと教職員が円滑に連携協力していくために、研修等を通じて、それぞれの職務内容等の理解を深めるようにします。

(6) 情報共有のための個別指導記録の作成

校内関係者で情報を共有し、共通理解の下で指導・対応に当たる体制を確立することが重要です。そのために、個人情報には十分配慮しつつ、保護者や関係機関との連携等において活用することができる不登校児童生徒の個別の指導記録づくりを行うようにします。

(7) 不登校児童生徒の学校外の学習状況の把握と学習の積極的な評価の工夫

学習支援や進路指導を行うために学習状況を把握し、学習の評価を適切に行い指導要録に記載し、評価の結果を児童生徒や保護者等に積極的に伝えるようにします。

(8) 不登校児童生徒の立場に立った柔軟なクラス替えや転学等の措置

いじめや教員による不適切な言動・指導等が不登校の原因となっている場合、保護者の意向を踏まえつつ、十分な教育的配慮を持った上で学級替えや転校を柔軟に認めていくようにします。

⑼　不登校児童生徒の態様に応じたきめ細かく適切な支援

不登校児童生徒の態様には、一般的に情緒混乱型の不登校、無気力型の不登校、遊び・非行型の不登校等の３つのタイプが考えられます。不登校に対する理解を進め、効果的な指導・援助を行うためには、早い時期にこれらの特徴をつかむことは必要です。しかし、ここで、示したことは、状態像と指導・援助のあくまでも一般的なものです。「この子どもは、このタイプでこの対応しかない」などと一方的に決め付けてしまうことはよくありません。これを参考にして、一人ひとりの児童生徒の状態をしっかり見て、気持ちを理解しながら、指導・援助を工夫することが大切です。

また、不登校は、どの型か特定しにくい複合型もあるので、幾つかのタイプの要素を併せてもつ場合も少なくないという認識をもち、目の前の子どもの様子をしっかりと見ることが大切です。

5）不登校にならないための魅力ある学校づくり

⑴　「心の居場所」「絆づくり」の場としての学校

児童生徒が自己の存在感を実感し、精神的な充実感を得られる「心の居場所」、児童生徒が社会性を身に付ける「絆づくりの場」として魅力ある学校を目指すことが大切です。

⑵　安心して通うことができる学校の実現

いじめや暴力行為を許さない学級づくりを行うとともに、問題行動へは毅然と対応します。教職員による体罰等の人権侵害は絶対行ってはなりません。

⑶　学ぶ意欲を育む指導の充実

体験活動等を通して、児童生徒が自らの生き方や将来に対する夢や目的意識について考えうるきっかけを与える取組や指導を行うことが必要です。

⑷　特別活動の充実

児童生徒が学校生活の基盤となる人間関係を形成し、また、学校における居場所づくりができるよう、学級活動、児童会・生徒会活動、学校行事等の特別活動の充実を図ることが必要です。

⑸　きめ細かい教科指導の充実

学業不振が不登校のきっかけとなることもあります。児童生徒の理解状況や習熟の程度に応じて「わかる授業」の実施、補充指導の充実を図ることが必要です。

⑹　学校と社会のつながりを強めた、開かれた学校づくり

地域の団体・企業・NPO 等と連携し、児童生徒が社会との結び付きを強めるよう、様々な体験活動を実施したり、学校外の多様な人材の協力により、児童生徒に多様な学習の機会を提供したりすることが必要です。

⑺　不登校の理解のためのポイント

最後に、「不登校はどの子どもにも起こりうる」という考え方から、次の点に常に配慮することが大切です。

①不登校の子どもに対する初期対応を遅らせないこと。

②教師はその子どものために自分は何ができるか考え、できるところから具体的に始めること。

③子どもの様子をよく見て、適切な時期を見極めて、登校刺激を少しずつ与えていくこと。

④不登校の児童生徒がどのような状態にあり、どのような支援を必要としているのかを見極め、個々の状況に応じた適切な働きかけや関わりを持つことが重要であること。

6)「１の事例」に対して学級担任等がＡ男にとった対応と不登校への望ましい対応の在り方

(1)　学級担任等がＡ男にとった対応

①　Ａ男への言葉かけ

○朝、出会った時などに、「おはようございます。調子はいかがですか？」などとＡ男のことを気にかけていることが伝わるように声かけをしました。

○昼休みなどには、「最近、釣りに行きましたか？」などとＡ男の興味ある話をして、話しやすい話題でコミュニケーションを図り、人間関係づくりに努めました。

○放課後には、学習の遅れを補充しながら、学級担任との人間関係を築くように努めました。

②　Ａ男との個別面接

○学校で困っていることがあるのではないかと思い、「今日の放課後、よかったら、少し話を聞きたいのですが」と学級担任からＡ男に声をかけました。20分程度、相談室で個別にＡ男の話を聞き、学級担任がＡ男のことを大変心配していることの気持ちを伝えました。

○友達関係、学習のこと、家庭のことなどについてそれとなく尋ねますが、悩んでいることを自分から話そうとしなかった場合は、ここではあまり深入りをしないようにし、「何かあったら、生活ノートにでも書いて知らせてほしい」と伝えました。

（ア）友達からＡ男についての情報収集

○Ａ男とよく行動を共にしている友達から、何か気になる点はないか尋ね、情報を収集するようにしました。

○最近のＡ男の様子に対する学級担任の気持ちを伝え、何かあったら知らせてほしいと依頼しました。

（イ）学年会での協議

○教育相談担当者や養護教諭、部活動の顧問を交えた学年会を開き、学級担任は小学校６年生の学級担任から聞いた情報や最近のＡ男の様子について説明するとともに、他の教科担任から授業での様子などを聞くようにしました。

○養護教諭や部活動の顧問からも保健室や部活動での様子を聞き、Ａ男に対する理解を深めました。そして、Ａ男への指導・援助の方針、保護者や相談機関との連携の在り方について協議しました。

○Ａ男が登校したときには気軽に言葉をかけることを確認するとともに、意欲的に活動できた場面をとらえ、しっかりほめていくことなどを共通理解しました。

○収集した情報の管理については、細心の注意を払うことを共通理解しました。

③　保護者との連携

○保護者に来校をお願いし、保護者の思いや苦しみをしっかりと受け止めるとともに、Ａ男の学校や家庭での様子について話し合いました。

○保護者の焦りを和らげ、協力して現状の改善に努めることを話し合いました。

○Ａ男は学習に自信を失っているように見えるので、学校では様々な場面でＡ男のよいところをしっかりほめて自信をもたせるように接していることを伝え、家庭でもＡ男のよいところを見つけて、しっかりほめるように接してほしいと依頼しました。

○Ａ男にはあまり細かいことを指示することのないように助言するとともに、Ａ男が自分で考えて行動するまで「待つことの大切さ」や、保護者がＡ男と共に運動したり、作業をしたりする時間をできるだけ多く持つように助言しました。

④　養護教諭との連携

○身体の不調を訴えて保健室を訪れた場合には、養護教諭がＡ男の気持ちを温かく受け止めるようにしました。

○養護教諭は、時には、本人、友達を交えて保健室の作業をしながら、お互いの人間関係を深めるように配慮しました。

○養護教諭は保健室でのＡ男の様子を学級担任に報告するとともに、支援をしていくようにしました。

⑤　相談機関との連携

○早い時期に相談機関との連携の必要性を感じ、学級担任が相談機関に出向いて、Ａ男の学校での様子や家庭での様子、保護者のＡ男に対するかかわり方、学校での支援の現状などを説明し、相談機関から今後の見通しと手立てについての助言を受けました。その助言を本人や保護者への指導・援助に生かすようにしました。

⑥　Ａ男の変容

○保健室で過ごしているときのＡ男は、次第に自分の思いを養護教諭に伝えることができるようになり、表情も明るくなりました。養護教諭の励ましもあり、教室で授業を受ける回数も多くなってきました。また、休憩時間には学級担任とも気軽に話ができるようになり、学習に対する自信も徐々に回復し、授業への参加意欲も感じられるようになりました。

⑵　この事例の不登校への望ましい対応の在り方

①　不登校を生まない土壌作りとしての全校的な取組

ア　校長の強いリーダーシップの下、副校長や教頭・学級担任・生徒指導主事・教務主任・学年主任・養護教諭・スクールカウンセラー・相談員などによる「不登校対策委員会」が日頃から連携し、一致協力して対応に当たるようにします。

イ　「不登校対策委員会」の開催と、職員全体での指導の在り方を検討し、Ａ男への対応の方針と継続した指導経過の中で、その方針を修正しながら全員で指導をすることの共通理解を図るようにします。

ウ　すべての職員がすべての子どもに対して「我がクラスの子、我が子」と考え、子どもとの厚い信頼関係を築くようにします。子どもは自分を承認してくれる、友達、先生が１人でも学校に存在すると喜んで登校するようになるものです。

②　保護者との連携の在り方

ア　保護者との話し合いでは、保護者に連絡をとり、家庭訪問をするかそれとも保護者に学校に来てもらうかは保護者の都合に合わせ決めるようにします。保護者が安心して思いや苦しみを話せるような雰囲気づくりが大切です。

イ　保護者との話し合いでは、学級担任だけでなく、A男についてよく知ったり、A男が信頼したりしている教員（例えば、学年主任又は生徒指導主事）と同席するなど複数の教員で対応し、学校の誠意を示すことが大切です。また、校長、副校長や教頭も同席し、学校挙げてA男のことを支援していくことの気持ちを伝えることも大切です。

ウ　家庭訪問においても同様です。学級担任だけでなく、「不登校対策委員会」のメンバー生徒指導主事、教育相談係、スクールカウンセラー、時には、校長も出掛けて、児童生徒や保護者の心情などについて把握し、支援します。不登校に対して、学校全体が一体となって取り組んでいるという姿勢が、生徒や保護者を安心させ、回復へのエネルギーとなる場合もあります。

エ　保護者との話し合いでは、保護者に対して受容に徹することです。保護者の不安や焦りを受容し、受け入れ、保護者を支えていくことが重要です。そのためにも校長・副校長又は教頭の同席は意味があります。

③　生徒への言葉と言語環境の整備

ア　教師は児童生徒への言葉は「愛語」でなければなりません。自尊感情を大切にし、誠実な言葉を平素から心がけることが大切です。乱雑な言葉の中に不登校やいじめを生む要因があることを教師は自覚することが必要です。

④　学級での取組の改善

ア　学級の一人ひとりのよさをみんなで認め合って、それぞれが存在を認め合うような雰囲気の学級づくりをしていくために、全ての生徒が「自己存在感」が実感できるよう、毎日の「帰りの会」で友達のよいところをみんなで相互に発表し合う機会をもつことが大切です。

イ　学級での生活では、できる限り生徒たちが自分で考えて、決めて、実行するという自己実現の機会と場を多く持つようにします。児童生徒一人ひとりが「自分は必要とされる存在である」という自尊感情を抱くような機会と場となるようにします。

⑤　生徒に魅力のある授業の改善

ア　教材開発と生徒指導の機能を生かした授業の改善を図ることが大切です。

⑥　相談機関等との連携の在り方

ア　相談機関に学級担任１人だけが出向くのではなく、都合がつけば、校長、副校長や教頭が出向き、生徒指導主事・教務主任・学年主任・養護教諭・スクールカウンセラー・相談員などによる「不登校対策委員会」が出向き、Ａ男の学校での様子や家庭での様子、保護者のＡ男に対するかかわり方、学校での支援の現状などを説明し、相談機関から今後の見通しと手立てについての助言を受けます。この助言の内容をもとにして、Ａ男及び学校全体の生徒に対する対応について検討し、実践していきます。

イ　本人・保護者への指導・支援が最善なものとなるようにその助言の在り方を学年会や生徒指導部会でも検討し、本人・保護者への対応や学校全体への指導に生かすことが必要です。

7）不登校への対応（まとめ）

⑴　不登校解決の最終目標は社会的自立

不登校の解決に当たっては、「心の問題」としてのみとらえるのではなく、広く「進路の問題」としてとらえることの重要性が指摘されるようになりました。ここでいう「進路の問題」というのは、「社会的自立に向けて、自らの進路を主体的に形成していくための生き方支援」を意味しています。不登校の児童生徒が、一人ひとりの個性を生かし社会へと参加しつつ充実した人生を過ごしていくための道筋を、築いていく活動への援助が必要です。

しかし、不登校の児童生徒にとっては、自分自身これからどのように生きていこうかという大きな問題が解決しないために、「将来への不安や自信のなさという心の問題が消えない」というケースも少なくありません。その意味でも、「心の問題」と「進路の問題」は同時に考え、対応していかなくてはならない大きな課題です。

⑵ 不登校の見極めと適切な対応

根深いいじめや虐待、発達障害など、不登校については原因も状態像も複雑・多様化してきており、校内だけでは十分に対応できないケースが増えてきています。このため、教育センターや適応指導教室、児童相談所などの公的相談機関だけでなく、民間施設やNPOなどとも積極的に連携し、相互に協力・補完しつつ対応に当たることが必要です。

⑶ 関係の構築と、適切な働きかけやかかわり

学校に行くことに大きな葛藤を抱え、登校時間になると頭痛や腹痛などの身体症状を出す神経症的な不登校に対しては、「待つこと」を重視するという見方もありました。しかし、昨今のように不登校の裾野が広がり、心理的な問題だけでなく、いじめが原因になっているもの、虐待などの家庭の問題が背景にあるもの、発達障害などが原因になっているものなどがある状況に対しては、児童生徒が自ら行動できるのを待つだけでは十分ではありません。「児童生徒の自主性に任せる」ということで、「自立心を育てること」を決して忘れることがないようにしなければなりません。不登校の児童生徒がどのような状態にあり、どのような援助を必要としているのか、その都度見極めアセスメントを行った上で、適切な働きかけやかかわりを持つことが大切です。

⑷ 児童生徒にとって居場所となる学校を目指して

「不登校児童生徒にとって居心地のよい学校」は、「すべての児童生徒にとっても居心地のよい学校」になると考えられます。不登校児童生徒の学校復帰や、不登校の予防・開発的対応のみならず、すべての児童生徒にとって、学校が良い居場所となるような努力を続けることが、学校現場に求められています。そのためにも、校内でのチーム支援体制や校外専門機関とのネットワークを構築し、学校・家庭・地

域社会が生きた連携を組むことが重要です。その際、子どもの人権やプライバシーに配慮しながらPTA会長、PTA副会長、PTA役員、町内会会長、町内会役員、大学職員など保護者・地域住民・大学職員等が一体となって連携し総力を挙げて対処していくことも必要です。

不登校児童生徒の中には、やっとの思いで学校の門までは入ることができても教室へ入ることができず、保健室へ自分の居場所を求めてやって来る児童生徒もいます。ともすると、この児童生徒は周囲から「さぼっている」という目で見られがちであるが、本人にとっては「登校する」行為自体が大きなストレスとの戦いなのです。「登校できたこと」を大きな前進の成果としてとらえ、「2時間しか登校できなかった」ではなく、「2時間も登校できた」というとらえ方が、児童生徒の心の負担を軽減することになります。保健室登校の児童生徒については、全教職員が理解した上で、友人・保護者などへの正しい情報提供と共通理解が必要となります。そして、該当児童生徒の教室復帰へ向けた計画と支援する期間を設定し、複数の教師で支援を分担することが求められます。

8）不登校の指導上の留意点及び今後の課題

不登校児童生徒への支援は、「学校に登校する」という結果のみを目標にするのではなく、児童生徒が自らの進路を主体的にとらえ、社会的に自立する方向を目指すように働きかけることが求められます。また、児童生徒によっては、不登校の時期が休養や自分を見つめ直す等の積極的な意味を持つことがある一方で、学業の遅れや進路選択上の不利益、社会的自立へのリスクが存在することにも留意する必要があります。不登校に関する発達支持的生徒指導としての「魅力ある学校づくり」を進めると同時に、課題予防的・困難課題対応的生徒指導については、不登校の原因・背景が多岐にわたることを踏まえた上で適切にアセスメントを行い、支援の目標や方針を定め、多職種の専門家や関係機関とも連携・協働しながら「社会に開かれたチーム学校」としての生徒指導体制に基づいて、個々の児童生徒の状況に応じた具体的な支援を展開していくことが重要です。

2. いじめ問題への対応
～「いじめ問題」の判例と学校の法的責任～

1) 事例VTRから学ぶ「いじめ問題」への対応（演習）

⑴ 事例の概要「許すな　いじめ」

中学校２年生の鈴木律子さんは休憩時間等で、同じクラスの吉川次郎君が同じクラスの清水君や武田君ら５人との遊びの様子を見ていると、遊びではなく「いじめ」であることに気づくのでした。吉川君が転んだところにドッジボールを５人が交互に執拗に投げつけ、吉川君はふさぎこんで助けを求めてもなりふり構わず投げつけるのでした。

ある日のこと学校から帰り路で、吉川君が清水君たち５名に、通学路の近くの神社の大木にロープでつながれ、足で殴られていたところに鈴木さんと友人の井上さん、大木さんと３人が一緒に帰り道に遭遇するのでした。清水君たちは鈴木さんたち３人が見ていることを知るとそれまで以上に吉川君を５人で、交互に足で強く殴る有様でした。それを見て鈴木さんたちは怖くなり急いでその場から逃げるようにして去りました。その日には学級委員の川上さんも同じような場面に遭遇していたことを鈴木さんは知りました。

その夜に、鈴木さんは今日の清水君たちの行動を学級担任に自分の名前も言わず声を変えて報告したのでした。その時に、学級委員の川上さんが、今まで吉川君が遊びの中でも清水君たちから執拗ないじめに遭っていることも、今日の清水君たちの神社での行動も学級担任に報告していないことにがっかりしたのでした。

翌日、鈴木さんは、学級委員の川上さんに、吉川君が清水君たちからいつもいじめられていることや昨日の神社事件のことも学級担任に何も連絡していないことに、学級委員としての役割を果たしていないのではないかと詰問しました。

その際、学級委員の川上さんは、昨日のことを「まさか学級担任に告げ口をしたのではないでしょうね。もしも告げ口をしていると今度はあなたが清水君たちに何をされるかわからないわよ」と言われました。その際、鈴木さんは「学級担任には私の名前を言っていないから大丈夫だよ」と言いました。「それならよいけど気を付けてね」と学級委員の川上さんから鈴木さんは注意されたのでした。

神社事件の５日後に学級担任は清水君ら５人とその保護者５名を学校に呼び、神社事件等での清水君たち５人の行動を話し、注意をしました。これに立腹した清水君たち５人は、親しい学級委員の川上さんから鈴木さんが学級担任に告げ口したことを聞きつけ、今度はいじめの対象を吉川君から鈴木さんに向けたのでした。

鈴木さんは机の中の教科書を隠されたり、ノートにマジックで大きく「バカ、死ね」と書かれたりしました。

ある日、鈴木さんがトイレに入っているところに、清水君たちは吉川君を同じトイレに押し込み、外に出られないように塞ぐのでした。鈴木さんが出してほしいと泣きながら懇願しても、武田君は「喜びのあまり、声をはりあげています」などと、周囲に誰もいないことをいい気になり、悪ふざけで実況放送のような意地悪をするのでした。

その夜、鈴木さんはもうこれ以上我慢はできないと思い、カッターナイフで自らの手首を切る決意をしたのでした。その時、「負けたらおしまいだよ。僕だってどんなにつらいことがあっても気持ちでは負けないようにしている」という吉川君の手紙文を思い出し、吉川君の「意志の強さに感銘」し、手首を切ることを思い止まったのでした。

翌朝、鈴木さんは、学級担任に今日の「朝の会」に学級のみんなに話したいことがあるので時間を与えてほしいと懇願して、「今の思い」を学級のみんなに話すのでした。それは、清水君や武田君など５人に向けての話でした。「今後、吉川君をいじめることを絶対止めてほしい」と懇願するのでした。これに学級担任もカバーして、「みんな同じクラスの仲間ではないか、仲良くしてほしい。鈴木さんの今の気持ちを大切にしてほしい」と懇願しました。

(2)　律子さんの学級担任等と想定しての対応策の考察

いじめの事例「許すな　いじめ」を視聴し、それを基に各自で次の事項①②③④について考察する。その後グループ討論を開催し、次時の全体での各班代表者（シンポジスト）によるシンポジウムに備えます。①私といじめ問題との関わり　②事例の学級担任としての望ましい対応　③事例の学年・学校全体としての望ましい取組　④まとめ（事例から、いじめ問題で最も大切なことは何か）

これを１人で読んでおられる場合は、学生や来賓者になったつもりで考えるとともに、次のシンポジウムも自作自演してみましょう。

2) 学生による「事例から学ぶいじめ問題への対応」についてのシンポジウムの開催

⑴　開会挨拶から、閉会挨拶まですべて学生が開催

開会挨拶から、コーディネーターによるシンポジストの紹介とシンポジウムの説明、各班の代表者によるシンポジウム開催、コーディネーターによるシンポジウムのまとめ、質疑応答、講評（２名）、指導講評（来賓・２名）、閉会挨拶まですべて学生が実施し、シンポジウムを開催します。

なお、シンポジウム開催に当たっては、２週間前に学長、学部長、教職関係者などの来賓の方への案内状を学生が持参し、御臨席を依頼します。来賓が御臨席の場合は、事前に、指導講評をお願いしておきます。

⑵　招待状（省略）

＊この続きは、「いじめへの対応」をある程度、学習してから、「5いじめ事例の一般的な対応とその考察」で説明いたします。

3) いじめ問題対応への基本的認識

⑴　「いじめ防止対策推進法」といじめに関する文部科学省の定義

平成23年に発生したいじめ自殺事件を契機として、平成25年6月に「いじめ防止対策推進法」が成立し、同年9月から施行されました。いじめ防止対策推進法の成立は、いじめ防止に社会総がかりで取り組む決意を示すと同時に、いじめが児童生徒の自浄作用や学校の教育的指導に頼るだけでは解決が難しいほどに深刻化し、制御のために法的介入が行われることになったものととらえることができます。そ

の意味において、法制化は、学校におけるいじめ対応に大きな転換を迫るものであると受け止める必要があります。

いじめ防止対策推進法の目指すところは、第１条に以下のように示されています。

いじめが、いじめを受けた児童等の教育を受ける権利を著しく侵害し、その心身の健全な成長及び人格の形成に重大な影響を与えるのみならず、その生命又は身体に重大な危険を生じさせるおそれがあるものであることに鑑み、児童等の尊厳を保持するため、（中略）いじめの防止等のための対策を総合的かつ効果的に推進することを目的とする。

いじめは、相手の人間性とその尊厳を踏みにじる「人権侵害行為」であることを改めて共通認識し、人権を社会の基軸理念に据えて、社会の成熟を目指すという決意が表明されています。

いじめ防止対策推進法の基本的な方向性は、

・社会総がかりでいじめ防止に取り組むこと
・重大事態への対処（いじめの重大事態調査を含む。）において公平性・中立性を確保することにあります。

そのことを踏まえ、各学校は、①いじめ防止のための基本方針の策定と見直し ②いじめ防止のための実効性のある組織の構築 ③未然防止・早期発見・事案対処における適切な対応を行うことが義務付けられました。

また、いじめ防止対策推進法はいじめの要件を児童生徒間で心理的又は物理的な影響を与える行為があり、行為の対象者が心身の苦痛を感じていることとし、いじめられている児童生徒の主観を重視した定義に立っています。教職員には校内研修等で、児童生徒には学級・ホームルーム活動等で、保護者には保護者会等で、具体的事例に則していじめ防止対策推進法のいじめの定義の共通理解を促し、どんな小さないじめも初期段階から見過ごさない姿勢を共有することが求められます。

なお、いじめの定義は次のようになっています。

いじめ防止対策推進法第２条には「この法律において「いじめ」とは、児童等に対して、当該児童等が在籍する学校に在籍している等当該児童等と一定の人的関係にある他の児童等が行う心理的又は物理的な影響を与える行為（インターネットを通じて行われるものを含む。）であって、当該行為の対象となった児童等が心身の苦痛を感じているものをいう。」と規定されています。

(2) いじめの構造

いじめはいじめる側といじめられる側という二者関係だけで生じるものではなく、「観衆」として囃し立てたり面白がったりする存在や、周辺で暗黙の了解を与える「傍観者」の存在によって成り立ちます。いじめを防ぐには、「傍観者」の中から勇気をふるっていじめを抑止する「仲裁者」や、いじめを告発する「相談者」が現れるかどうかがポイントになります。日本のいじめの多くが同じ学級・ホームルームの児童生徒の間で発生することを考えると、学級・ホームルーム担任が、いじめられる側を「絶対に守る」という意思を示し、根気強く日常の安全確保に努める取組を行うなどして学級担任への信頼感と学級・ホームルームへの安心感を育み、学級・ホームルーム全体にいじめを許容しない雰囲気を浸透させることが重要です。

特に、児童生徒の中には、他者の評価を行動基準としたり、他者の視線を気にしたりするタイプが多く、周囲に過剰に同調する傾向が見られます。そこに被害回避感情が重なると、「仲裁者」や「相談者」になることはますます難しくなります。学級・ホームルーム担任が信頼される存在として児童生徒の前に立つことによって初めて、児童生徒の間から「相談者」や「仲裁者」の出現が可能になります。加えて、いじめの傍観者が「仲裁者」や「相談者」に転換するように促す取組を、道徳科や学級・ホームルーム活動等において行うことも重要です。

(3) いじめの態様と対策

いじめの態様については、文部科学省初等中等教育局児童生徒課による、平成26年度「児童生徒の問題行動等生徒指導上の諸問題に関する調査」のいじめに関する調査結果によると、小学校では「冷やかしやからかい」（構成比63.4％）、「仲間はずれ」（20.8％）、「軽くぶつかられたり、叩かれたり」（24.4％）、中学校では「冷やかしやからかい」（67.6％）、「仲間はずれ」（16.1％）、「軽くぶつかられたり、叩かれたり、蹴られたり」（18.4％）、高等学校では「冷やかしやからかい」（62.3％）、「軽くぶつかられたり、叩かれたり、蹴られたり」（16.2％）、「パソコンや携帯電話での誹謗中傷」（18.2％）となっており、学年が上がるにつれて、いじめの態様が変わってきていることが分かります。

なお、具体的ないじめの態様は、以下のようなものがあります。

・冷やかしやからかい、悪口や脅し文句、嫌なことを言われる
・仲間はずれ、集団による無視をされる
・軽くぶつかられたり、遊ぶふりをして叩かれたり、蹴られたりする
・ひどくぶつかられたり、叩かれたり、蹴られたりする
・金品をたかられる
・金品を隠されたり、盗まれたり、壊されたり、捨てられたりする
・嫌なことや恥ずかしいこと、危険なことをされたり、させられたりする
・パソコンや携帯電話等で、誹謗中傷や嫌なことをされる 等

これらの「いじめ」の中には、犯罪行為として取り扱われるべきと認められ、早期に警察に相談することが重要なものや、児童生徒の生命、身体又は財産に重大な被害が生じるような、直ちに警察に通報することが必要なものが含まれています。これらについては、教育的な配慮や被害者の意向への配慮の上で、早期に警察に相談・通報の上、警察と連携した対応を取ることが必要です。

⑷　学校におけるいじめ問題に関する基本的認識

いじめの防止等は、全ての学校・教職員が自らの問題として切実に受け止め、徹底して取り組むべき重要な課題であります。

いじめをなくするため、まずは、日頃から、個に応じたわかりやすい授業を行うとともに、深い児童生徒理解に立ち、生徒指導の充実を図り、児童生徒が楽しく学びつつ、生き生きとした学校生活を送れるようにしていくことが重要です。

また、いじめを含め、児童生徒の様々な問題行動等への対応については、早期発見・早期対応を旨とした対応の充実を図る必要があり、関係機関との連携を図りつつ、問題を抱える児童生徒一人ひとりに応じた指導・支援を、積極的に進めていく必要があります。

○いじめについては、「どの子どもにも、どの学校においても起こり得る」ものであることを十分認識するとともに、特に、以下の点を踏まえ、適切に対応する必要があること。

①「弱いものをいじめることは人間として絶対に許されない」との強い認識を持つこと。

どのような社会にあっても、いじめは許されない、いじめる側が悪いという明快な一事を毅然とした態度で行きわたらせる必要があります。いじめは子どもの成長にとって必要な場合もあるという考えは認められません。また、いじめを囃し立てたり、傍観したりする行為もいじめる行為と同様に許されません。

② いじめられている子どもの立場に立った親身の指導を行うこと。

子どもの悩みを親身になって受け止め、子どもの発する危険信号をあらゆる機会をとらえて鋭敏に感知するよう努めます。自分のクラスや学校に深刻ないじめ事件が発生し得るという危機意識を持ちます。なお、いじめの件数が少ないことのみをもって問題なしとすることは早計であります。

③ いじめは家庭教育の在り方に大きな関わりを有していること。

いじめの問題の解決のために家庭が極めて重要な役割を担います。いじめの問題の基本的な考え方は、まず家庭が責任を持って徹底する必要があります。家庭の深い愛情や精神的な支え、信頼に基づく厳しさ、親子の会話や触れ合いの確保が重要です。

④　いじめの問題は、教師の児童生徒観や指導の在り方が問われる問題であること。

個性や差異を尊重する態度やその基礎となる価値観を育てる指導を推進することが必要です。道徳教育、心の教育を通してかけがえのない生命、生きることの素晴らしさや喜びなどについて指導することが必要です。

⑤　家庭・学校・地域社会など全ての関係者がそれぞれの役割を果たし、一体となって真剣に取り組むことが必要であること。

いじめの解決に向けて関係者の全てがそれぞれの立場からその責務を果たす必要があります。地域を挙げた取組も急務です。

これに保護者や地域住民を加えて対応することも考えられます。現在の文部科学省の調査から、今後も、ますますいじめは増大することが予想されます。これらを防ぐには、「学校いじめ対策組織」の機能をどのように生かしていくかが今後の課題となります。

4)「いじめ問題」の判例と学校の法的責任

⑴　いわき市立中学校いじめ事件

①　いじめを苦に中学生が自殺

いわき市立小川中学校３年生であったＡ君が、昭和60年９月25日に市内の農具小屋で自殺しました。両親や家族は、Ａ君が自殺した原因は、学校側の安全保持義務に落ち度があったとして、設置者である、いわき市を相手に8300万円の損害賠償を請求する訴訟を起こしました。その内容の概略は次のとおりです。

Ａ君の自殺の原因は同級生Ｂによる執拗ないじめであり、加害生徒Ｂは、被害生徒Ａ君に金銭を強要し、金銭を持ってこないと、竹刀による殴打、ビニールコードによる連打、掃除用具による殴打など、顔、頭、腹、足などに暴行を加え、日増しにエスカレートしていきました。Ａ君は担任教師に事実を告げ、助けを求めました。しかし、担任教師が有効な措置をとらなかったため、かえって、いじめがひどくなり被害生徒は生きる意欲を失って自殺に追い込まれていきました。

②　福島地裁の指摘

福島地裁は判決の中で、学校が安全保持義務のあることを指摘しています。いじめに対して、学校のとるべき措置として、次の点をあげています。

ア　学校がいじめを知った場合、迅速・慎重に、事情聴取などをして事態の全容を正確に把握する必要があります。その際、学校が調査にのりだしたことによって、被害生徒にさらに増幅したいじめが加えられることのないよう、場合によっては、一時、被害生徒の登校もみあわせることも考慮することが必要です。

イ　いじめの実態が把握されたら、これを学校全体の問題としてとりあげ、いじめがいかに卑劣でみにくい行為であるか、また、被害生徒の屈辱や苦悩がいかに大きいものであるかなどを、加害生徒はもちろん、生徒全員に理解させるとともに、いじめを傍観することなく、制止するか、あるいは教師に直ちに報告する勇気をもつよう、指導することが必要です。

ウ　加害生徒に対しては、学校教育法26条の出席停止の処置をとることも検討すべきです。それでも依然として暴力や金銭の強要などが繰り返される場合は、学校の指導の限界を越えるものとして、警察や家庭裁判所などの措置に委ねることも考慮することが必要です。

③　福島地裁の判決（平成2年12月26日）

こうした観点に立って吟味された結果、学校の対応は、被害生徒の「必死の訴えをふみにじるようなものであった」として、「学校のいじめ問題に対する真剣な対応策がとられておればその手はじめに徹底した事実調査に着手していただけでも、Ａ君の自殺という最悪の事態を十分に阻止することができたものと思われます。

学校側（Ｄ・Ｅ校長をはじめ、Ｆ教頭、Ｇ、Ｈ、Ｃ各教諭ら）に、ＢのＡ君に対するいじめに対処するうえで過失があったことは否定しがたいものといわなければなりません。また、学校側の過失とＡ君の自殺との間には相当因果関係があるものということができます」と、学校側の対応のまずさを指摘し、学校の法的責任を問うものとなりました。

⑵　加害者の法的責任

いじめは不法行為です。加害者は法律上の責任を負わなければなりません。それが刑罰法規に触れる場合は、刑事上の責任が問われます。また、精神的・物質的に損害を与えた場合は、民事上の損害賠償の責任が問われます。

①　刑事上の責任

いじめにより金銭を強要したり、暴行を加えたりするときは、犯罪に該当するから、刑事罰の対象になります。ただし、14 歳未満の者の行為は「之ヲ罰セス」となっているから刑罰は科せられないことになります。14 歳未満の生徒が法に触れる行為を行った場合は、児童相談所の取り扱いの対象となります。

14 歳以上 20 歳未満の者の犯罪は、家庭裁判所の少年審判に付されます。少年審判手続きは、刑罰を科する目的で行うものではなく、少年の改善・更生を図ることを、目的としています。

②　民事上の責任

民事上の損害賠償は、子どもに責任能力がない場合には親が損害賠償の責任を負うことになります。責任能力とは、「自己の行為の責任を弁識する能力」を言います。個人差もあるがおおむね 12 歳前後でこうした能力は備わるものと考えられています。

責任能力がある場合は、子どもの責任となるから、原則として親は責任を負いません。しかし、責任能力があるといっても、中学生に実質的な損害賠償能力はないから、責任が子どもにとどまる限りは、被害者への救済ができないことになります。そこで、親の監督義務違反が重大である場合には、たとえ子どもに責任能力があっても、親にも損害賠償責任が生ずるとすることが判例上認められています。

⑶　加害生徒への措置

①　出席停止の検討

ア　中野区立中学校では、担任教師は自殺した生徒が日ごろから特定の生徒から暴行を受けていることを知っていながら、適切な防御措置をとれないでいました。教師自身が加害生徒の暴力行為を恐れ何もできなかった事実が裁判で認定されています。

イ　このような状況を学校が放置するのは、児童生徒の安全保持義務の放棄といわざるをえません。こうした加害生徒の行為は、いじめではなく校内暴力そのものです。

ウ　義務教育では、公立学校では退学や停学はできません。しかし、法令では義務教育でも一定の場合、出席停止の措置を認めています。

(4)　出席停止制度の趣旨と運用

①　出席停止の要件

学校教育法第35条第1項では、出席停止の適用に当たって、性行不良であること、他の児童生徒の教育に妨げがあると認められること、という2つの基本的な要件を示しています。また、性行不良について、「他の児童生徒に障害、心身の苦痛又は財産上の損失を与える行為」「職員に傷害又は心身の苦痛を与える行為」「施設又は設備を損壊する行為」「授業その他の教育活動の実施を妨げる行為」の4つの行為を類型として例示し、その「一又は二以上を繰り返し行う」ことを出席停止の適用の要件として規定しています。

学校は、出席停止の適用について検討する中で、出席停止制度の趣旨と意義を踏まえ、要件に該当すると判断した場合には、出席停止を命じる権限と責任を有する市町村教育委員会に報告することになります。

②　出席停止の事前手続と適用

学校教育法第35条第2項では、出席停止を命じる場合、市町村教育委員会は、「あらかじめ保護者の意見を聴取するとともに、理由及び期間を記載した文書を交付しなければならない」と規定しています。意見の聴取を通じて保護者の言い分も聞き、そのために出席停止の理由も文書に付記しておかなければなりません。学校は、問題行動を起こす児童生徒の状況を市町村教育委員会に報告し、必要な指示や指導を受けるとともに、保護者の理解と協力が得られるよう努めるなど、市町村教育委員会と十分に連携できる体制を整える必要があります。場合によっては、警察や児童相談所等の関係機関との連携を図ることも考えられます。

⑸　いじめによる転校

昭和60年6月29日初等中等教育局長は次のような通知を出しています。いじめにより児童生徒の心身の安全が脅かされるような深刻な悩みを持っている等の場合は、従来の学校教育法施行令第8条に規定する学校指定の変更の相当と認められる理由に該当するとされているところでありますが、今後ともその運用に当たっては、医師、教育相談機関の専門家、関係学校長などの意見等を十分に踏まえた上、各市町村教育委員会が適切に対処されたいこと、なお、同令9条の区域外就学についても、これに準じた取り扱いをされたいこと。いじめは、ここでいう「相当の理由」に該当します。

いじめによる転校についての通知は、その後も、初等中等教育局長から何度も出されていて、転校を認める幅を広げています。

5)「1)(1) 許すな、いじめ」の事例の一般的な対応とその考察

⑴　「学校いじめ対策組織」の緊急会議開催

○これからの学校では、「学校いじめ対策組織」メンバー(校長、副校長や教頭、主幹教諭、生徒指導主事、教務主任、学年主任、養護教諭、教育相談コーディネーター、特別支援教育コーディネーターなどから、学校の規模や実態に応じて決定することになっています。さらに、心理や福祉の専門家であるSCやSSW、弁護士、医師、警察官経験者などの外部専門家を加えることで、多角的な視点からの状況の評価や幅広い対応を可能にしています。）を編成して対応していくことになりました。

○この事例の場合は、全員出席のもとに第1回「学校いじめ対策組織」緊急会議を開催します。例えば、この会議の議長は校長がします。ここでは、「情報の迅速な共有、関係生徒への聴き取りの事実調査の実施、指導・援助の体制の構築、方

針の決定と保護者との連携といった対応策」を行います。

まず、「情報の迅速な共有」としては、例えば、生徒指導主事から、「律子さん、吉川君が清水君ら5人などから受けた『いじめ』の4件」について説明します。つまり、「①ドッジボール問題、②神社問題、③教科書を隠されたり、ノートにマジックで大きく「バカ、死ね」と書かれたりした問題、④トイレ問題、⑤その他」などについて学校の教職員のみで収集した情報を基に作成した「報告書」を全員に配付し、その「一つひとつの問題」を丁寧に説明します。それを全員で協議し、今後の対応策、つまり「関係生徒へ聴き取りの事実調査の実施、指導・援助の体制の構築、方針の決定と保護者との連携」などのそれぞれについて、2つのチームを中心として「いじめ」解消に向けて、行動・実践等が開始されます。その概略が下記 (2)(3) です。

ここでの行動・実践等を基にしてまとめた「報告書」が、次の第2回「学校いじめ対策組織」緊急会議に提出され、審議を行い、必要な「手続き」を行います。

○「関係生徒へ指導・援助の体制の構築」としては、例えば、Bチーム：教頭・学級主任・養護教諭・教育相談コーディネーター・特別支援教育コーディネーター・SC・SSW等々を中心としたチームが「被害者、加害者、周囲の生徒」のカウンセリングを実施し、その報告書を作成します。

また、「関係生徒へ聴き取りの事実調査の実施、保護者との連携」としては、例えば、Aチーム：副校長・生徒指導主事・主幹教諭・学級担任・弁護士・医師・警察官経験者等々を中心としたチームが、「加害者・被害者・周囲の生徒からの聞き取り等の徹底した事実調査の実施とその保護者との連携」を図り、その徹底した事実調査に基づいた「報告書」2部を作成します。そして、

○全員参加の第2回「学校いじめ対策組織」緊急会議を開催します。

ここでは、はじめに、Aチームから「①から④の一つひとつを取り挙げて、『どんな罪』が該当するか様々な角度から検討し、まとめた詳細な報告書（案1)」と、「この『いじめ』の中に、犯罪行為として取り扱われるべきと認められ、『早期に〔警察に相談〕することが重要なもの』や、児童生徒の生命、身体又は財産

に重大な被害が生じるような、『直ちに〔警察に通報〕することが必要なもの』が含まれているかどうか判断（案）されたものの報告書（案2)」との原案２部が提出されます。その説明を生徒指導主事が行います。

はじめに、報告書（案1）を「学校いじめ対策組織」メンバー全員で慎重に審議します。そして、部分修正等を行うなどして、全員が承認を行います。

次に、報告書（案2）を「学校いじめ対策組織」メンバー全員で慎重に審議します。そして、部分修正等を行うなどして、全員の承認の基に、次に必要な「手続き」に移ります。つまり、「早期に〔警察に相談〕することが重要なもの」や「直ちに〔警察に通報〕することが必要なもの」が含まれているものについては「手続き」を行うことになります。

その際、「手続き」の前に、報告書（案2）のいずれに対しても、必ず保護者との連携を図り、対応策について十分に説明し、理解と情報交換をすることが望まれます。

そして次に、もう１つの、Ｂチームから「被害者、加害者、周囲の生徒のカウンセリングと関係者の保護者のカウンセリング等」を行った結果の原案の報告書（案3）が提出されます。学級主任が丁寧に説明を行います。全員で質疑・応答・審議し、部分修正し、まとめます。それを今後に生かします。

ところで、「学校いじめ対策組織」では、「いじめの疑いのある情報があった場合には、緊急会議を開催し」、となっています。ここでの対応は手遅れであります。律子さんが学級担任に、①ドッジボール問題、②神社問題について「報告」した後に、学級担任は校長に報告し、早急に第１回緊急会議を開催すべきでありました。それができていたら、③教科書を隠されたり、ノートにマジックで大きく「バカ、死ね」と書かれたりした問題、④トイレ問題はありませんでした。

なお、①から④のそれぞれについて、犯罪の結論についてはここでは省略いたします。皆さんで様々な場合を考えて、それぞれがどんな場合にどんな罪に該当するか考察してみてください。

○最近、この「資料」を活用した小・中・高等学校での「校内研修」や「大学での授業」が増加しています。冒頭の「中学校２年生の鈴木律子さんは休憩時間等で」の「中学校２年生」の所を、「小学校６年生、とか、高等学校１年生とか」にしますと、中学校だけでなく、小学校、高等学校でも「校内研修」として使用できます。この「資料」を使用して教職員のみで実施してみてください。教職員のみで考察した結論を、「学校いじめ対策組織」のメンバーである、弁護士・医師・警察官経験者等に御相談し、指導を受けたり、「学校いじめ対策組織」全員で検討したりしてください。

⑵ いじめの事例「1)（1）許すな、いじめ」の分析と課題

○この事例でも、いじめに対して、「学校いじめ対策組織」が編成されるまでは学級担任だけで対応していました。しかし、今後は、いじめの指導に当たっては、学校は親から生徒をあずかって教育を行っている以上、生徒の安全保持義務があります。これを機会に、管理職のリーダーシップの下、生徒指導主事などを中心として協働的な指導・相談体制を構築することが不可欠です。

○いじめられている生徒・律子さんは、心理的に非常に追い詰められた状況にあります。本人の立場になって、共感的にかかわり、いじめに毅然として立ち向かっていった律子さんの態度をたたえるとともに、心のケアを図ります。

○学級担任による今までの指導経過から、その指導は必ずしも適切であるとはいえません。また、保護者との連携は十分であるとは考えられません。学校の誠意ある対応により、保護者との協力関係を築くことが必要です。

○被害者である吉川君や律子さんは自分がひどいいじめに遭っていることを保護者に相談もしていないように感じられます。これを機会に保護者にも子どもの様子を観察するとともに、子どものよき相談相手になることの大切さを感じてもらうようにすることが必要です。特に、いじめられている場合は、保護者はどこまでも子どもを支えていく姿勢を持ち続けることの大切さに気付いてもらうようにします。

○いじめを把握した場合は、学校では第一にいじめ指導の最大原則である「被害者保護」に全力を尽くさなければなりません。いじめられている生徒には「絶対に守る」という学校の強い意志を伝え、心のケアと併せて登下校時や休み時間、清

掃時間などの安全確保に努めます。そのためには、「学校いじめ対策組織」の対策チームで、指導方針を共通理解した上で、役割分担し迅速な対応を進めることが重要です。他方、「加害者指導」では止めさせることを最優先し、「指導の手順」を慎重に見極めることがポイントとなります。

(3)　この事例に対して「学校いじめ対策組織」等の一般的な対応

①　いじめられた生徒からの事実確認及び保護者への対応

・この事例に対して今までは、校長、副校長や教頭や関係教職員のみでこれまでの経過を共通理解し、家庭訪問での配慮すべき事項を確認していました。家庭訪問には、学年主任や生徒指導主事が学級担任に同行するなど複数で、いじめられた生徒からの事実確認及び保護者への対応をしていました。

・これからは、上記のことも含めて「学校いじめ対策組織」メンバー、例えば、Ａチームを挙げて「いじめられた生徒からの事実確認及び保護者への対応」を行います。

・もう１つのメンバーであるＢチームは「被害者、被疑者の保護者のカウンセリング」を行い、「心のケア」を図ります。

②　いじめられている生徒への対応

・これらの対応は「学校いじめ対策組織」での役割分担のメンバーの２つのチームが対応します。例えば、Ｂチームの中で対応チームを編成し、「カウンセリングを実施し、心のケア」を図ります。

・また、もう１つのチーム、例えば、Ａチームの中で対応チームを編成し、「聞き取り等の事実調査」を実施します。

・その際、生徒の思いや願いを可能な限り詳細に聞くようにします。

・生徒の心情として、いじめられている事実を正直に言えない場合等があります。時間をかけて、「共感的な態度」で聞きながら事実確認をします。

③　いじめられている生徒の保護者への対応

・これらの対応も「学校いじめ対策組織」の中の上記の２つのチームのそれぞれの役割分担に基づき対応します。

　保護者の思いをしっかりと聞き、生徒が安心して学校生活ができるようにすることを約束するとともに、具体的な対応については、今後連絡を取り合う中で説明していくことを伝えます。

④　対応方針及び役割分担等の部分修正

・校長、副校長や教頭、関係教職員で、これまでの情報と家庭訪問で得た情報をもとに協議し、課題を明確にするとともに、今後の指導方針及び指導内容、役割分担について「学校いじめ対策組織」で部分修正し、対応します。

・収集した情報が速やかに生徒指導担当者や校長、副校長や教頭に伝わるような「学校いじめ対策組織」の指導体制を整えるとともに、これを機会により一層強固なものに修正します。

⑤　いじめた生徒・周囲の生徒からの事実の調査・確認

・「学校いじめ対策組織」が組織したチームを挙げて、徹底した事実調査を行います。例えば、Ａチームで対応したり、その中の数名でチームを組んで対応したりします。

・聞き取る際には、生徒の人権やプライバシーに配慮しながら、正確に事実を把握するように努めます。その際、教師等の思い込みや憶測が入らないように特に慎重に行います。

・いじめた生徒から「徹底した事実調査」をする際には、心理的な圧迫感を与えないように配慮することが大切です。

・周囲の生徒からは、「困っている友達はいないか」、「みんなが楽しい学級や学校生活になるようにするには、どのようにすればよいか」などと問いかけながら聞き取りを行うよう、工夫します。

⑥　いじめた生徒・保護者への対応

・これらの対応についても「学校いじめ対策組織」の中の上記の２つのチームのそれぞれの役割分担に基づき、次のような実践をします。

・家庭訪問等により、生徒と保護者に直接に会って話し合うようにします。その際、校長の意向をよく聞き、「学校いじめ対策組織」のメンバー、例えば、Ａチームの弁護士、医師、警察官経験者を含めた複数の教師等で対応するようにします。時には、校長も同席し、「学校いじめ対策組織」を挙げて取り組んでいることを理解してもらうようにします。

　なお、家庭訪問は、例えば、Ａチームの中で、生徒指導主事、学級担任、弁護士、医師、警察官経験者等とし、できるだけ人数を絞って対応します。

・生徒に確認した事実に基づき、その行為を受けた生徒の心情を伝えます。そして、その行為の重大さに気付かせるとともに、「反省の心」を持って謝罪しなければならないような情感に訴えた指導となるようにします。

・保護者に、いじめ解決を通して生徒のよりよい成長・発達を促したいという教師等の願いを伝え、協力を求めます。

・保護者が孤立感を感じないように配慮し、保護者と共に解決に向けての取組を考えながら、家庭での生徒への接し方について助言します。

⑦　学級・学年全体・学校全体への指導

・これらの対応も「学校いじめ対策組織」の中の上記の２つのチームのそれぞれの役割分担に基づき実践します。場合によっては、２チーム合同で対応します。

・いじめられた生徒のつらさを理解させるとともに、囃し立てたり、傍観したり、無視したりする行為がいじめであることを理解させ、いじめを許さない態度の育成を図ります。

・いじめは人権侵害でもあり絶対に許されない行為であるので、学校は、いじめられている生徒の立場に立って、全力をあげてその生徒を守り、問題の解決を一日も早く図るように支援することを伝えます。

・いじめの事実を伝えて指導する場合は、必ず本人と保護者の了解を得てから行うようにします。

⑧　**指導の継続**

・関係した生徒の変容や成長等について「学校いじめ対策組織」内で情報交換を密にし、情報の共有化を図り、その後の指導方針を確認したり、修正したりして、最善の方法で指導を継続するように努力します。また、教師からは関係した生徒に常に声をかけ安心感を与えるようにします。

・「学校いじめ対策組織」のメンバーの担当の教師、例えば学級担任・学年主任・生徒指導主事等は、いじめられた生徒やいじめた生徒の保護者に指導経過を報告したり、その後の家庭での様子について情報を交換したりするなど、継続して子どもの成長を見守るようにします。

⑨　**関係機関との連携**

・これらの対応も「学校いじめ対策組織」の中の上記の２つのチームのそれぞれの役割分担に基づき実践します。

・「学校いじめ対策組織」内で生徒に対する継続的なカウンセリングを依頼するなど、スクールカウンセラーや相談機関との連携を図ります。

・上記の「①から④の一つひとつを取り上げて、「どんな罪」が該当するか様々な角度から検討して「報告書（案１）の原案」を作成します。そして、「この『いじめ』の中に、犯罪行為として取り扱われるべきと認められ、『早期に〔警察に相談〕することが重要なもの』や、児童生徒の生命、身体又は財産に重大な被害が生じるような、『直ちに〔警察に通報〕することが必要なもの』が含まれているかどうか対策チームで検討して「報告書（案２）の原案」を作成します。

・ここでの事例は暴力を伴ういじめに該当するかどうかをＡチームの対策チームでその案を検討し、その原案を作成します。それに該当すれば、できるだけはやく第２回「学校いじめ対策組織」緊急会議を開催するよう提言し、「早急に警察と連携を図ること」が必要です。

なお、暴行、恐喝等刑法に抵触するいじめに対しても、「関係機関との連携を深める」など、学校としては毅然とした対応をすることが必要です。

これも前述のように、いずれにしても、必ず保護者との連携を図り、対応策について十分に説明し、理解と情報交換をすることが望まれます。

⑩　大河内清輝君の遺書の録音の視聴

・残酷ないじめにより自殺した大河内清輝君の遺書を録音したものを視聴し、いじめの残酷さと、周囲の防御の必要性に気づかせるようにします。ぜひ、何らかの方法で手に入れて活用してほしいと思います。

⑷　いじめを生まない土壌作りとしての学校全体での適切な対応の在り方

①　いじめられた生徒への対応

・いじめられた生徒の人権回復をするとともに、いじめに対して学校がその生徒をどこまでも守り続けることを告げ、安心感を与えます。特に、学校として、いじめは絶対『許さない』という毅然とした態度で臨むことを示します。いじめは人権侵害でもあり絶対に許されない行為であるので、学校は、いじめられている生徒の立場に立って、全力をあげてその生徒を守り、問題の解決を一日も早く図るように支援します。

②　学校全体での指導

・適切な時期を見計らって、校長を中心として「学校いじめ対策組織」で弁護士、医師、警察官経験者を含めて、いじめに対する指導を行い、いじめを未然に防いだり、いじめを生まない土壌づくりを図ったりします。
・このいじめの事例を単なる一学級の問題としないためにも、学校を挙げての対応が必要です。いじめがあるということは、その学校にはそのような体質・土壌があることを物語っているのです。この際、校長の教育に対する識見、とりわけいじめ問題への識見とそれに基づいた強力なリーダーシップが鍵を握ります。
・いじめ防止対策推進法の定義に則り積極的にいじめの認知を進めつつ、教職員一人ひとりのいじめ防止のための生徒指導力の向上を図ります。

・学校全体に対して「いじめ問題」の調査をして実態を把握するとともに、学校挙げていじめ問題解決に向けて強い姿勢で対処していくことが大切です。子どもの人権やプライバシーに配慮しながら生徒会・学校・家庭・地域社会が一体となって総力を挙げた取組も急務です。その際、力を発揮するのが、「学校いじめ対策組織」であり、PTA役員、保護者、町内会長、地域住民であります。

・いじめは対人関係における問題であるという視点に立ち、生徒指導はもとより、特別活動などの体験学習を通して、児童生徒同士の結びつきを深め、社会性を育む教育活動を進める必要があります。

③　いじめ未然防止のポイント

ア　いじめに関する校内体制の見直し、より強固なものに確立

イ　いじめを許さない学校・学級づくりの推進

特に、全教職員とともに、生徒会を挙げての対応策を考え、実行します。子どもの人権やプライバシーに配慮しながら生徒会・学校・家庭・地域社会が一体となって総力を挙げた取組が重要になります。

ウ　生徒とのふれあいの推進と教育相談の充実・強化

生徒と普段からいろいろな機会でコミュニケーションを図るとともに、教育相談の機能と体制を充実強化することが大切です。

エ　教職員一人ひとりのいじめ防止のための生徒指導力の向上を図るとともに、いじめを生まない環境づくりと児童生徒がいじめをしない態度や能力を身に付けるような働きかけを行うことが、今後求められます。

オ　生徒から、いじめられた報告を待つのではなく、「もしかして」を常に念頭に置き、いじめを発見する姿勢が大切です。教師が見ているのは授業等の一部であり、児童生徒の多くを知っているわけではありません。いじめを早期発見するためにも、学校では関わりのある多くの教職員から、情報収集することが大切です。今後は「学校いじめ対策組織」の中でその情報が何時でも活かせられるように整理しておくことが必要です。

④　保護者・地域社会との連携と信頼関係づくり

学校は生徒のプライバシーの保護に反しない範囲で、保護者・地域住民に学校での実態を説明し、平素から、保護者・地域住民と共に学校を良くしていくことの必要性を感じてもらい、学校に対しての強力な協力体制の構築が重要であります。ここで、学校のとるべき態度として特に大切なことは、平素から「開かれた学校作り」のために校長の努力が必要です。特に、PTA 会長、PTA 副会長、町内会会長など保護者・地域住民が一体となって総力を挙げて対処していくことができるよう、努力するべきです。今後は、ここでも「学校いじめ対策組織」の機能と校長の指導力を十分に生かすことが課題となります。

6）学校いじめ対策組織とやすらぎを抱く教育環境

前述もしましたように、平成 25 年 6 月に「いじめ防止対策推進法」が成立し、同年 9 月から施行されました。いじめ防止対策推進法の成立は、「いじめ防止に社会総がかりで取り組む決意を示す」等となっています。

それをより具体化したものが、令和 4 年 12 月に文部科学省の「いじめの防止等の対策のための組織の設置」のメンバーの中身の例です。それによると、「学校いじめ対策組織」の構成メンバーとしては、校長、副校長や教頭、主幹教諭、生徒指導主事、教務主任、学年主任、養護教諭、教育相談コーディネーター、特別支援教育コーディネーターなどから、学校の規模や実態に応じて決定することになっています。さらに、心理や福祉の専門家である SC や SSW、弁護士、医師、警察官経験者などの外部専門家を加えることで、多角的な視点からの状況の評価や幅広い対応を可能にしています。

現在の文部科学省の調査から、今後も、ますますいじめは増大することが予想されます。これらを防ぐには、「学校いじめ対策組織」の機能をどのように生かしていくかが今後の課題となります。その機能を十分に生かすかどうかは最終的には「校長の力量」にかかっていると思います。

それとともにいじめを生まない環境づくりと児童生徒がいじめをしない態度や能力を身に付けるような働きかけを行うことが、今後求められます。

それには、校長の平岡が本論の第２章第２節「やすらぎを抱く教育環境の創造と実践～いじめ・不登校を生まない土壌づくりの実践を通して～」で実証いたしているところです。ここでの実践を実行すれば必ず良い方向に進展いたします。いじめ・不登校を生まない土壌づくりとして学校・家庭・地域社会が進展いたします。たとえ、いじめが発生しても短期間のうちに解消することができます。そのような土壌ができるのです。

なお、「学校いじめ対策組織」の具体的な役割は、主に以下の５つとなります。

①学校のいじめ防止基本方針に基づく年間指導計画（いじめアンケートや教育相談週間、道徳科や学級・ホームルーム活動等におけるいじめ防止の取組など）の作成・実行の中核的役割を果たします。加えて、校内研修の企画・実施も重要な役割です。

②いじめの相談・通報の窓口になります。複数の教職員が個別に認知した情報を収集・整理・記録して共有します。教職員が感じた些細な兆候や懸念、児童生徒からの訴えを抱え込んだり、対応不要であると個人で判断したりせずに、進んで報告・相談できるように環境を整備することが重要です。

③いじめの疑いのある情報があった場合には、緊急会議を開催し、情報の迅速な共有、関係児童生徒へのアンケート調査や聴き取りの実施、指導・援助の体制の構築、方針の決定と保護者との連携といった対応をします。

④学校のいじめ防止基本方針が学校の実情に即して適切に機能しているか否かについての点検を行うとともに、いじめ対策として進められている取組が効果的なものになっているかどうか、PDCA サイクルで検証を行う役割を担います。

⑤いじめの重大事態の調査を学校主体で行う場合には、調査組織の母体にもなります。

そして、実効的な組織体制として、学校いじめ対策組織が実効的な機能を果たすためには、教職員間での情報共有が可能になるように、アセスメントシートなどを活用して情報や対応方針の「可視化（見える化）」を図ることが大切です。また、組織が真に機能するためには、「無知、心配性、迷惑と思われるかもしれない発言をしても、この組織なら大丈夫だ」と思える、発言することへの安心感を持てる状態（心理的安全性）をつくり出すことが不可欠です。加えて、児童生徒や保護者に対して、学校いじめ対策組織の存在及び活動が認識されるような取組（全校集会の際にいじめ防止の取組の説明をするなど）を積極的に行うことが大切です。いじめを解決する相談・通報の窓口として信頼が寄せられれば、早期発見・早期対応が可能になります。今後は、この「学校いじめ対策組織」を不登校対策に生かすことが大切になると思います。

7）いじめへの対応（まとめ）

いじめを許さない学校づくりを進めるとともに、児童生徒が発する小さなサインを見逃すことのないよう、日ごろから人権教育を推進するなど、積極的な生徒指導を推進することが大切です。また、「いじめがどの学校にも起こり得る」との認識を持ち、「早期発見・早期対応」に努めることが大切です。そのためには、表面の行動に惑わされることなく内面の感情を読み取れるようにし、違和感を敏感に感じ取る必要があります。また、質問紙などによるアンケート調査や面接などを通して、児童生徒の生の声が教師に届くようにしておかなければなりません。しかし、アンケート調査などで「いじめの解決に教師は頼りになるか」という問いに対して、約７割の児童生徒は否定的な回答をしています。

このことから「いじめがない」と思うという結果からは、いじめの実態が見えてこない場合があります。いじめられた報告を待つのではなく、「もしかして」を常に念頭に置き、いじめを発見する姿勢が大切です。教師が見ているのは授業、部活動、学校行事等の一部であり、児童生徒の多くを知っているわけではありません。いじめを早期発見するためにも、学校では関わりのある多くの教職員から、情報収集することが大切です。また、子どもの人権やプライバシーに配慮しながら、PTA 会長、町内会長など家庭・地域社会及び関係機関が一体となって協力し、総力を挙げて対処していくことのためにもそれぞれの方々から情報収集することも必要な場合があります。

いじめを把握した場合は、第一にいじめ指導の最大原則である「被害者保護」に全力を尽くさなければなりません。いじめられている児童生徒には「絶対に守る」

という学校の意志を伝え、心のケアと併せて登下校時や休み時間、清掃時間などの安全確保に努めます。そのためには、「学校いじめ対策組織」で、対策チームを組織し、指導方針を共通理解した上で、役割分担し迅速な対応を進めることが重要です。

他方、「加害者指導」では止めさせることを最優先し、「指導の手順」を慎重に見極めることがポイントとなります。今後は、「学校いじめ対策組織」の機能を十分に生かすことが課題となります。

更に、開発的・予防的生徒指導の充実が求められます。いじめは明白な人権侵害行為であり、生徒指導上の重大な課題です。また、いじめは対人関係における問題であるという視点に立ち、生徒指導はもとより、特別活動などの体験学習を通して、児童生徒同士の結びつきを深め、社会性を育む教育活動を進める必要があります。そして、いじめ問題の解決のためには、いじめを許さない学校の体制作りにとどまらず、生徒自身が自分の感情に気付き、適切に表現することについて学ぶアンガーマネジメント教育や、精神的健康の保持・増進のためのストレスマネジメント教育、自己理解や他者理解を促進する心理教育などを積極的に行い、開発的・予防的な生徒指導の充実に努める必要があります。

そして、これらの教育と併せて考えなければいけないことは、人権感覚を養うとともに、共同社会の一員であるという市民性意識と、社会の形成者としての資質を育成することも、今まで以上に求められることです。また、発達障害のある児童生徒が、周囲の児童生徒からいじめを受けることがあります。そのためには、障害への正しい理解を進めるための指導や、お互いの違いを認め合う学校運営・学級経営が必要となります。

おわりに

この書物は、「まえがき」にも記述いたしましたように、朝日新聞に「続中学生ノート（数学）」として20回、山陽新聞等に「環境は人を創り、人は環境を創る」として9回、総務省統計局の月刊誌「統計情報」に「今、学校教育に求められること」として7回にわたりそれぞれ連載された記事と、公益財団法人山陽放送学術文化財団受賞研究「子どもがやすらぎを抱く学校環境の創造」の研究物に、更に、「大学での『いじめ・不登校への対応』の授業の創造」を基に、**「『魅力ある算数・数学の学習』とそれらを支える『いじめ・不登校等を防ぐやすらぎを抱く教育環境』」**を簡略化し、**「『魅力ある算数・数学』と『いじめ・不登校等を防ぐやすらぎの環境』」**として出版したものです。

朝日新聞社から「続中学生ノート」の連載を依頼されたものは、小学校、中学校の算数数学の内容が将来、専門的にどのように発展するかも含まれたものでありました。

私は大学を卒業し中学校数学教員赴任以来、毎時間の中学校数学の授業の中で、この教材が将来、専門的数学にどのように発展するか常に研究し、実践し、それを日本数学教育学会等に発表していました。

執筆当初は、新聞記事の字数に制限がありましたが、読者の方々や、朝日新聞社本社編集部の方からの御好評をいただき、途中から字数制限なしで書いてほしいという依頼に変わりました。その際、非ユークリッド幾何学等々も書いてほしいという朝日新聞社本社編集部からの注文もありました。

新聞連載中に多くの読者の方から朝日新聞社にも私の方にも御好評をいただき、お手紙や電話等をいただきました。その方々は岡山大学理学部数学科恩師・片岡虎雄教授、稲垣武教授をはじめ、岡山県教育長佐藤章一先生、岡山県教育委員長大原利貞先生、岡山市教育長水谷靖先生をはじめ多くの御指導いただいた先生方です。また、小学校高学年児童・中学生・高校生や児童生徒の保護者の方、県市教育委員会指導主事の方、小学校・中学校・高等学校・大学の算数・数学担当の先生など多岐にわたり多数の方々からでありました。

山陽新聞での「環境は人を創り、人は環境を創る」も、岡山市教育長奥山桂先生、元岡山県教育センター所長三澤和昭先生、岡山県教育センター所長佃幸男先生をはじめ多くの御指導いただいた方々から手紙や電話をいただきました。また、小学生高学年、中学生、高校生、大学生、保護者の方、県市教育委員会指導主事の方、小学校・中学校・高等学校の校長先生・教頭先生方から御好評をいただき、お手紙や電話をいただきました。

総務省統計局の月刊誌『統計情報』の「今、学校教育で求められること」は、配付の対象が官公庁でありました。その関係者の方から「素晴らしい方を見つけられましたね」「『統計情報』で感動したのは初めてです」等々と、好評の手紙が届いたことを総務省統計局から教えていただきました。その手紙も送ってくださいました。

朝日新聞も山陽新聞も総務省統計局も連載が終わるとその後も、読者の方々から連載を続けてほしいと関係機関にも私の方にも依頼がありました。そして本に出版することを多くの方々から何度もお勧めもいただきました。しかし、私はまだ書きたい内容がこの他にもたくさんありましたことと、諸々の事情で書く時間を確保することができませんでした。

朝日新聞の連載は、連載直後に岡山県教育委員会に転勤することになり教育行政に携わり執筆の余裕がありませんでした。

そして、10年後に校長として3校に9年間勤務しました。赴任当初はどの学校もいじめ・不登校など様々な問題が山積していました。それらに対して諸々の取組をしました。

山陽新聞の「環境は人を創り、人は環境を創る」の記事はその学校での取組の集大成として3年目に1年間をかけて、校長としての実践を執筆したものでありました。そして、次に赴任した学校は、赴任当初にはいじめ、多数の不登校、学級崩壊等の問題行動が長年山積していました。

ここでは、今までもどの校長先生もなされていないような「行動を通して実践」をしました。赴任前の3月29日に、子どもたちが学校近隣等の家庭に様々な御迷惑をお掛けしていることやいじめ、多数の不登校、学級崩壊など様々な問題が学校に山積していることを関係者から耳にしました。この解決のために、赴任した4月1日から行動を通して実践しました。これらの実践も本論に記述していますが、ここでは「不登校への対応」の一端を述べさせていただきます。

「不登校の子どもにとって、居心地のよい学校にすることが、すべての子どもにとっても居心地のよい学校」になると考え、校内では職員図書室をカラフルにして不登校の子どものための学習室に、校外では校長が不登校の子ども全員の家に毎日家庭訪問するなど全力投球しました。その結果、20名を超える不登校の子どももお陰様で、2カ月も経たないうちに全員が元気に登校できるようになりました。その他の山積していた問題行動もなくなり、子どもたち全員が楽しく学校生活を送ることができるようになりました。このような取組で山陽新聞社から強く連載を望まれたのですが執筆の時間が取れないのでお断りしました。

さらに、総務省統計局からも、何度も続けて連載をしてほしいと依頼がありました。総務省統計局の原稿は定年退職後でした。定年退職後の私は、私立学校長、岡山市教育委員会、岡山県青少年総合相談センター、順正短期大学、吉備国際大学等に勤務しました。また、校長時代から岡山大学教育学部、岡山理科大学、倉敷芸術科学大学、福嶋リハビリテーション学院、玉野総合医療専門学校等で非常勤講師として勤務し、10年間にわたり毎学期20数科目の多数の教職科目を担当するなどしていました。その後10年間は吉備国際大学教授として、外国語学部創設や通信教育部創設、教職センター設置等をはじめ諸々のことに対して、その大学の発展のために取り組みました。大学教授としてのさまざまな研究と実践にも携わりました。また東京数理研究所での日本統計学会や総務省統計局等では講演を依頼されました。その他、全国統計教育協議会副会長・顧問等として徳島県・神奈川県での全国統計教育研究大会をはじめさまざまな研究大会での講演等を依頼されたり、倉敷市教育委員会、岡山県教育委員会、総社市教育委員会、兵庫県教育委員会等から学校教育アドバイザー・授業力アップ支援員・研究指導委員・非常勤講師等を委嘱され、倉敷市立水島小学校、玉野市立築港小学校、倉敷市立琴浦西小学校、倉敷市立乙島小学校、倉敷市立上成小学校、総社市立総社中央小学校、総社市立総社東中学校、兵庫県御津小学校等さまざまな多くの学校・地域の校内研修・研修大会などに招かれたり、高梁市教育委員会から教育行政評価委員などをも委嘱されたり講演の依頼を受けるなどして10年間にわたり年間80回以上の後援会・校内研修にたずさわり、ここでも原稿を書く時間が取れませんでした。

２度目の退職後に、ようやく時間的余裕が持てるようになり、多くの方々のお勧めによりこの度、本にして出版した次第でございます。

第１章の「魅力ある算数・数学の学習」では中学生の生徒さんの参考書としてはもとより、小学校高学年、中学校、高等学校の児童生徒さんのためや、小学生・中学生・高校生のお子様をお持ちのお父さんやお母さん方に自らのためにも、お子様のためにも読んでいただきたいと思い書きました。また、大学での教員養成に必要な要素を含むものとしての「算数教科指導法」「数学教科指導法」「子どもの算数」の教科書や教材、副読本としての本にもしました。学生さんのための教員採用試験のためのものにもしました。更に、学校現場で小学校、中学校、高等学校の児童生徒の算数数学の指導に携わっておられる先生方や都道府県市町村教育委員会で算数・数学に携わっておられる指導主事の方々等に視点に当てて執筆しました。

第２章の「いじめ・不登校等を防ぐ『やすらぎを抱く教育環境』」第１節「環境は人を創り、人は環境を創る」では、小学校高学年、中学校、高等学校の児童生徒さんのためや、小学生・中学生・高校生のお子様をお持ちのお父さんやお母さん方に、自らのためにもお子様のためにも読んでいただきたいと思い書きました。また、学校現場で小学校、中学校、高等学校の児童生徒の教育に携わっておられる校長先生、教頭先生、学級担任の先生、教職員皆様や都道府県市町村教育委員会に携わっておられる指導主事の方々に視点を当てて執筆しました。

そして、第２章の第２節「やすらぎを抱く教育環境の創造と実践～いじめ・不登校を生まない土壌づくりの実践を通して～」は小学校高学年、中学校、高等学校の児童生徒さんのためや、小学生・中学生・高校生のお子様をお持ちのお父さんやお母さん方に、お子様のためにも是非読んでいただきたいと思い書きました。また、小学校、中学校、高等学校の校長先生、教頭先生、生徒指導主事の先生、学級担任の先生、講師の先生、事務職員の方や、都道府県市町村教育委員会で指導行政に携わっておられる指導主事の方々に視点を当てて執筆しました。

第２章の第３節「大学での『いじめ・不登校への対応』の授業の創造」は、大学で、生徒指導・進路指導、教職論、特別活動の研究を履修されている大学生やそれを担当されている大学の先生方、また、中学生・高校生のためや、特に、小学生、中学生、高校生のお子様をお持ちのお父さんやお母さん方には、お子様のためにも是非読んでいただきたいと思い書きました。また、小学校、中学校、高等学校の校長先生、教頭先生、生徒指導主事の先生、学級担任の先生、養護教諭の先生、教職員皆様や都道府県市町村教育委員会で指導行政に携わっておられる教育長様、指導主事の方々等に視点を当てて執筆しました。

特に、第２章の第１節、第２節、第３節は「学校いじめ対策組織」の構成メンバーである、校長先生、副校長先生、教頭先生、主幹教諭様、生徒指導主事様、教務主任様、学年主任様、養護教諭様、教育相談コーディネーター様、特別支援教育コーディネーター様、そして、心理や福祉の専門家であるSC様やSSW様、弁護士様、医師様、警察官経験者様、また、PTA役員様、町内会役員様に読んでいただき、「いじめ・不登校の解消」に生かしていただきたいと思い記述いたしました。第１節、第２節では、いじめ・不登校等を生まない土壌として何が大切であるか、その取組を記述しています。第３節では、いじめ・不登校等が実際に発生した時にどのような対応をするとよいかを記述しています。

私は今まで、全国の多くの方々から、いじめ・不登校・学級崩壊等の生徒指導上の問題や学校経営の相談を受けてまいりました。中には、会社社長さんからも、「平岡の学校経営を会社経営に生かしたい」と言われ、来校された方も数名ありました。どなたもよい方向に進展し喜んでいただきました。

この本を１人でも多くの方々にお読みいただき、自らやお子様、児童生徒学生さんに生かしていただければ幸甚に存じます。

引用・参考文献

梅根悟・長尾十三二（1974）『教育学の名著 12 選』学陽書房

Maslow, A, H,（1970）*Motivation and personality*. Harper & Row.

長尾十三二・原野広太郎（1980）『教育学の世界』学陽書房

桜井茂男（1997）『学習意欲の心理学―自ら学ぶ子どもを育てる―』誠信書房

村井実編著（1979）『原典による教育学の歩み』講談社

長田新監修（1959）『西洋教育史』御茶の水書房

教師養成研究会編著（2003）『近代教育史』学芸図書

岡山県教育委員会編（1999）『子どもたち一人一人が生き生きと学校生活を送るために～いじめ・不登校への対応～』

朝日新聞社編（1975）『ほんとうの教育者はと問われて』朝日新聞社

上田吉一（1988）『人間の完成―マスロー心理学研究』誠信書房

文部科学省（2016）『文部科学白書　平成 28 年度』

文部科学省（2010）『生徒指導提要』教育出版

文部科学省（2011）『平成 23 年「生徒指導上の諸問題の現状と文部科学省の施策」について』

文部科学省初等中等教育局児童生徒課（2016）『平成 28 年度「児童生徒の問題行動・不登校等生徒指導上の諸課題に関する調査」（速報値）について』

文部科学省初等中等教育局（1996）『児童生徒の問題行動等に関する調査研究会議（報告）』

文部科学省（2022）『生徒指導提要』

森田洋司他（1994）『いじめ　教室の病い』金子書房

初出一覧

第１章　魅力ある算数・数学の学習

第1節　橋の問題が発端 ～発展途上のトポロジー研究～

……………………………………1979年 1 月26日付 朝日新聞朝刊岡山版

第2節　他の考え方を応用 簡単な解き方……………………………同 7 月18日付 同上

第3節　関数関係の問題は 角度変え考察……………………………同 8 月29日付 同上

第4節　連立方程式を解くために クラーメルの公式を用いて…………同10月 3 日付 同上

第5節　手順しっかり 最後の詰めが大切……………………………同11月 7 日付 同上

第6節　試行錯誤の連続 ピタゴラスの定理から………………………同 2 月28日付 同上

第7節　創造的学習を 広がる数字の世界……………………………同 4 月28日付 同上

第8節　興味深い素数「成果」の多く学べ……………………………同 5 月 9 日付 同上

第9節　集合で明確に 考察の対象を設定……………………………同 6 月13日付 同上

第10節　「幾何学に王道なし」 2人の先駆者の業績知り親しみと興味を

……………………………………………………………同12月12日付 同上

第11節　事実証明を体系化 原理学び実利…………………………1980年 2 月 6 日付 同上

第12節　非ユークリッドにも 目を向けよう…………………………同 3 月12日付 同上

第13節　正確に論理をすすめ 正しく推論を…………………………同 4 月16日付 同上

第14節　円に内外接の多角形から 円周率導き出す…………………同 5 月28日付 同上

第15節　ソフィストは道具使い 作図に成功…………………………同 7 月16日付 同上

第16節　「考える」ことは 課題の観察から…………………………同 9 月10日付 同上

第17節　理想・単純化し 関数を引き出す……………………………同10月22日付 同上

第18節　事象をよく観察し 数学眼養おう……………………………同11月26日付 同上

第19節　作れるのは4次まで 方程式の解求める公式……………1981年 1 月21日付 同上

第20節　作図の問題解法に 必要な4段階……………………………同 2 月26日付 同上

第２章　いじめ・不登校等を防ぐ「やすらぎを抱く教育環境」

第1節　環境は人を創り、人は環境を創る

1. やすらぎ抱かせる食事環境を………………………1993年 5 月17日付 山陽新聞朝刊

2. 心のこもった誠実な言葉の言語環境を……………………………同 7 月 5 日付 同上

3. 感動を体験させる読書環境を…………………………………………同 9 月 6 日付 同上

4. 愛と信頼と希望に満ちた家庭環境を………………………………同 10 月 18 日付 同上

5. 個性を認め、育てる地域環境を……………………………………同 12 月 6 日付 同上

6. 希望を抱き、誠実を胸に刻む学校環境を……………………1994 年 1 月 31 日付 同上

7. 美を求め、感動する心を磨く美的環境を…………………………同 3 月 14 日付 同上

8. 子どもの個性開発としての統計的環境を

………………………………統計情報 1998 年 11 月号、監修 総務庁統計局、

発行 全国統計協会連合会、pp2-3（改題）

9. 地域と保護者と学校がよい信頼関係で！

…………………………………………1995 年 10 月 13 日付 こんにちは新聞

著者略歴

平岡　弘正（秀章）（ひらおか　ひろまさ）（ひであき）

1939 年 10 月　岡山県に生まれる。

1962 年 3 月　岡山大学教育学部（数学）卒業し、4 校の国公立中学校教員（数学）、岡山県教育委員会・3 校の公立学校長に勤務し、この間学校長時代の 9 年間は岡山大学教育学部非常勤講師（算数教科教育法、数学教科教育法、教育実習）を兼ねる。

2000 年 3 月　定年退職。

2000 年 4 月　私立学校長、岡山市教育委員会、岡山県青少年総合相談センター、順正短期大学教授（教育基礎論、総合演習、教育実習指導、教育実習特論、教職論）、吉備国際大学教授（教職論、総合演習、特別活動の理論と方法、教育原論、総合演習、算数教科教育法、子どもの算数、初等科教育法（算数）、教育実習指導、生徒指導の研究、教育課程論、教育課程総論、教育の方法と技術、道徳教育の理論と方法、教育史、教育史特論、教育方法学、特別活動の理論と方法、教育行政学、生徒指導・進路指導論、教育学、卒業論文の研究）

併せて 10 年間は岡山大学教育学部非常勤講師（算数教科教育法、数学教科教育法、教育実習）、岡山理科大学非常勤講師（現代教師論、総合演習）、倉敷芸術科学大学非常勤講師（生徒指導の研究、生徒指導・進路指導論、特別活動の理論と方法）、玉野総合医療専門学校非常勤講師（教育方法学、教育学）福嶋リハビリテーション学院非常勤講師（統計学）として勤務し、教職科目を担当する。

2018 年 3 月　吉備国際大学外国語学部（特別教授）退職する。

2020 年 12 月　玉野総合医療専門学校退職する。

その間、全国統計教育研究協議会副会長・顧問や全日本健康教育連絡協議会副理事長等多数歴任。

主な著書

数学科基礎基本の体系的指導（明治図書・共著）

新しい学力観に立つ算数の学習指導（岡山大学算数・数学教育学会出版・共著）

新訂版準備と自己評価で実力をやしなう幼稚園教育実習（ふくろう出版・監修、著）

改訂版準備と自己評価で実力をやしなう幼稚園教育実習（ふくろう出版・監修、著）

授業に生きる教材研究・中学校数学（明治図書・共著）

中学校数学の指導と展開（明治図書・共著）

中学校数学科教育実践講座（クレセール・共著）

性教育の手引き（岡山県医師会発行・共著）

新しい時代を拓く学校経営Ⅱ（第一公報社・共著）

生きる力を育てる算数の学習指導（岡山大学算数・数学教育学会出版・共著）

その他多数。

主な教育研究受賞歴（全国規模のみ）

1974 年 5 月「教育賞　受賞」財団法人山陽放送学術文化財団（理事長：岡山県知事）

1984 年 5 月「教育賞　受賞」財団法人山陽放送学術文化財団（理事長：岡山県知事）

1998 年 10 月「特別功労賞受賞」全国統計教育協議会（会長　元文部省審議官：熱海則夫）

2000 年 11 月「教育研究賞受賞」財団法人日本教育研究連合会（後援　文部省）

2001 年 5 月「教育賞　受賞」財団法人山陽放送学術文化財団（理事長：岡山県知事）

2007 年 11 月「平成 19 年度統計功労者受賞」財団法人日本統計協会　その他多数。

校長としての主な学校受賞歴（全国規模のみ）

平成 5 年 11 月　全日本健康推進学校として全国優秀校「すこやか賞」を受賞　主催朝日新聞社　後援文部省・厚生省（全国の中規模校で第 1 位）

平成 6 年 5 月　国土緑化推進機構から全日本学校環境緑化で理事長賞を受賞

平成 8 年 11 月　全日本健康推進学校として全国優秀校「すこやか賞」を受賞　主催朝日新聞社　後援文部省・厚生省（全国の大規模校で第 1 位）その他岡山県規模多数受賞

「魅力ある算数・数学」と
「いじめ・不登校等を防ぐやすらぎの環境」

2023 年 12 月 8 日　初版発行

著　者　平岡　弘正

発　行　ふくろう出版
〒700-0035　岡山市北区高柳西町 1-23
友野印刷ビル
TEL：086-255-2181
FAX：086-255-6324
http://www.296.jp
e-mail：info@296.jp
振替　01310-8-95147

印刷・製本　友野印刷株式会社

ISBN978-4-86186-893-1　C3037